创业投资

VENTURE CAPITAL

知识产权调查研究

Research on Intellectual Property Investigation

王云诚　著

法律出版社 LAW PRESS · CHINA

前　言

我第一次接触创业投资的时间,可以追溯到2005年上半年。那年5月,我正式加盟山东琴岛律师事务所,与姜省路律师一起共事。因青岛市科技风险投资有限公司是姜律师的常年法律顾问单位,基于姜律师的信任,我有幸深度参与青岛市科技风险投资有限公司的投资业务和法律服务事项,开始接触创业投资。当时,国家发展和改革委员会等十部门还没有发布《创业投资企业管理暂行办法》,业界对创业投资还没有形成统一的称谓,更多人还是使用"风险投资"一词。

也许缘于我具有理工科高等教育和知识产权法高等教育的双重知识背景,在开始接触"科技风险投资"之际,我就产生一种很强烈的直觉:风险投资将是知识与资本结合、实现双赢的最佳模式,而知识产权将在风险投资中发挥至关重要的作用。那时我就有过一个念头,希望所有创业投资企业能够树立正确的知识产权保护意识,充分认识知识产权问题在创业投资业务的重要地位。然而,在那几年,尽管国家陆续出台许多鼓励创业投资的政策,并推出鼓励设立创业投资引导基金等一系列措施,但创业投资企业更愿意参与风险较低的类金融业务或者定向的资本市场投资业务,对“知识+资本”的投资模式并无多大兴致。

随着我国互联网产业的迅速发展和资本市场创业板的适时推出,很多创业投资企业在创业投资活动中获得巨大的投资收益,示范效应吸引越来越多的投资者参与创业投资业务,促进了创业投资行业的快速发展。在2015年国家开展“双创”活动以来,各种形式的孵化器、众创空间如雨后春笋般出现,也孕育出一些优质的创业投资项目,其中,拥有一定技术含量的高新技术企业逐渐成为创业投资的优选目标。

2019年5月,青岛举办2019全球创投风投大会,同时发布《支持打造创投风投中心若干政策措施的通知》(“青岛十条”),突出体现了青岛市政府对创业投资行业的高度重视。在相关政策的引导下,青岛市的创业投资行业呈现蓬勃发展的良好态势。2019年7月,上海证券交易所正式推出科创板,首批25家高科技企业挂牌上市交易。从定位来看,科创板将重点支持新一代信息技术等六大高新技术产业和战略性新兴产业。毫无疑问,科创板的推出,将深刻影响我国创业投资的投资逻辑和投资策略,那些具有自主知识产权的高新技术企业将受到创业投资的格外青睐和追捧,展现出更高的投资价值。

受此鼓舞,我想重拾旧念,想写一本与创业投资密切相关的知识产权保护问题的专著。2020年1月底春节假期前夕,新型冠状病毒肺炎疫情在武汉爆发,我国全国动员展开一场史无前例的抗“疫”斗争。在响应国家号召居家隔离期间,我毅然拿起笔,开始总结和梳理投资实务中因知识产权瑕疵问题导致投资失利或者无法实现投资预期的几种常见情形,并在此基础上对创业投资过程中应当如何进行知识产权尽职调查提出一些建议和指导方法,以作为创业投资企业在选择创业项目时重要的决策参考。

在本书付印之际,我要特别感谢我的妻子贺丽丽女士,是她的无私奉献和大力支持才让我在这一段特殊的时间内能专注于本书构思和撰写工作,她还在我写作过程中提出过很多很好的建议;还要感谢我的助理王红飞律师,她不仅整理编写了本书第一章第四节内容,还承担了本书大部分流程图(表)的设计、编辑和其他工作,对本书的成稿发挥了不可或缺的作用。

从某种意义上说,这本书并不是一本学术著作,更像是我整理的一份个人学习笔记和实务性总结,我愿意拿出来与创业投资界同人们分享,以期与各位同人相互交流、共同提高。但是,囿于自己的知识和经验,加上时间仓促的因素,书中难免存在一些错误或瑕疵,不足之处还请各位读者包涵,并欢迎把您的指正意见反馈给我。

另外,书中有部分资料来自公开渠道,我无意冒犯任何公司或者个人,如果有人认为书中有任何不妥之处,也请及时与我联系告知,我将尽己所能采取一切必要的措施,避免给任何人造成任何形式的麻烦或不快。我的邮件地址:qdwangyuncheng@ 126.com,也可以添加微信联系,不胜感激。

王云诚

2020 年 4 月于青岛

目录
CONTENTS

第一章 创业投资概述

第一节 创业投资的基本概念

一、创业投资的概念

创业投资的概念源于西方国家,英文是"Venture Capital"。依照经济合作与发展组织(Organization for Economic Co-operation and Development,OECD,简称"国际经合组织")对创业投资的定义,创业投资是投资于以高科技和知识为基础,生产与经营技术密集型的创新产品或服务的投资。① 除此之外,国际经合组织还对创业投资的概念作过其他表述:创业投资是专门购买在新思想和新技术方面独具特色的中小企业的股份,并促进这些中小企业的形成和创立的投资。1983 年,国际经合组织在第二次"投资方

---

① 国际经合组织:Venture Capital for technology-based firms. OECD/DG(97)201。

式研讨会”上更是明确表态：凡是以高科技为基础，生产和经营技术密集的创新产品和服务，都可视为创业投资。

欧洲投资银行对创业投资的定义：创业投资是为形成和建立专门从事某种新思想或新技术生产的小型公司而进行的股份形式的投资。

全美创业投资协会(National Venture Capital Association, NVCA)则将创业投资定义为：创业投资是由专业投资者投入到新兴的、迅速发展的、有巨大竞争潜力的企业中的一种股权性资本。

创业投资，有时又被称为“风险投资”。但是，只要仔细分析前述创业投资的定义，就很容易发现这种叫法并不十分贴切，并没有表达出“Venture Capital”的真正内涵。创业投资之所以被称为风险投资，完全源于创业投资所具有的高风险性特点。一般来说，创业投资都是投资于一些有成长性的高新技术创业企业，这些企业的创始人往往在某一个特定的技术领域有一技之长，但在公司管理和经营方面却缺乏基本经验，给企业经营造成很大的不确定性。另外，单就技术而言，一项新技术能否成功转化为在市场上受欢迎的商品或者服务、能否为企业创造经济效益，也存在很大的不确定性。总之，多种因素导致创业投资行为存在很大的不确定性，存在投资不能实现预期目标、甚至无法收回投资本金的重大风险，这种高风险性已经被人们普遍知晓，创业投资也就被约定俗成地称为风险投资。在投资实务中，创业投资和风险投资通常并不区分，其含义是一样的。

在我国，创业投资是指通过向不成熟的创业企业提供股权资本，并为其提供管理和经营服务，期望在企业发展到相对成熟后，通过股权转让收取高额中长期收益的投资行为。[①] 显然,我国法律体系中的创业投资并没有突出强调所投资创业企业应当具有“高科技”“新技术”“新思想”“技术密集”“新兴企业”等特点,而是笼统地称为“不成熟的创业企业”。显然,这种定义下的创业投资缺少了“新技术”或者“高科技”这些核心要素,与国际上通行的创业投资概念存在巨大区别。2016 年的国务院文件对创业投资的定义基本上还是沿袭了以前的表述:“创业投资是指向处于创建或重建过程中的未上市成长性创业企业进行股权投资,以期所投资创业企业发育成熟或相对成熟后,主要通过股权转让获取资本增值收益的投资方式”,依然与国际通行的创业投资概念存在很大差距。[②]

二、创业投资与股权投资

与创业投资常常相提并论的另一种投资方式是“股权投资”。股权投资,也被称为“私人股权投资”或者“私募股权投资”(Private Equity,PE)。股权投资也是一种权益性投资,通俗地说,就是以特定目标公司的股权为投资标的,通过股权的买入、卖出获得增值收益的投资方式。

依照欧洲私募股权和创业投资协会的观点,股权投资是为非上市企业提供股权资本,可用于开发新产品和新技术、增补营运资本、收购资金或者改善企业的财务状况,或者用于解决所有权和管理问题,如家族企业的持续经营或者管理层收购。

股权投资和创业投资的关系问题,一直众说纷纭。从一个企

---

① 国家发展和改革委员会等十部委《创业投资企业管理暂行办法》第 2 条。

② 国务院《关于促进创业投资持续健康发展的若干意见》(国发〔2016〕53 号)第 1 条。

业的发展规律看，任何一家企业都可以大致分为创业期、成长期、扩张期和成熟期四个阶段，企业不同阶段的投资有不同的特点和经营策略。人们通常把在企业创业期的投资称为天使投资、[①]在企业成长期的投资称为创业投资、在企业扩张期和成熟期的投资分别称为股权投资和股权并购（但二者经常并不区分，常被统称为投资并购）。根据我国法律体系的界定，在企业发展前三个阶段（包括创业期、成长期、扩张期）发生的所有投资均可以称为广义上的创业投资。

同样，根据我国的法律规定，股权投资指非公开交易的企业股权投资，不包括上市企业公开发行的股票。[②] 鉴于创业投资是对具有成长性的尚不成熟的创业企业进行投资，也是以非公开交易方式进行，因此，从概念上说，股权投资的涵盖范围比创业投资更广，理论上已经涵盖了创业投资，国家发展和改革委员会（简称“国家发改委”）办公厅颁发的《关于促进股权投资企业规范发展的通知》实际上也是秉承这种观点。因此，我国关于股权投资的法律规定同样适用于创业投资，如国家对创业投资另有法律规定的，优先适用创业投资的法律规定。但是，也有学者认为，广义的股权投资和广义的创业投资是一个相等的概念。[③] 本书下文中提

① 补充说明：国务院《关于促进创业投资持续健康发展的若干意见》（国发〔2016〕53 号）第 1 条是从投资者的身份角度界定“天使投资”：“天使投资是指除被投资企业职员及其家庭成员和直系亲属以外的个人以其自有资金直接开展的创业投资活动。”

② 国家发展和改革委员会办公厅《关于促进股权投资企业规范发展的通知》（发改办财金〔2011〕2864 号）第 5 条。

③ 沈志群、关键主编：《中国股权和创业投资法律实务指引》，中国经济出版社 2013 年版，第 7 页。

到创业投资和股权投资，除非特别说明，均指狭义概念的创业投资和股权投资。

在企业发展不同阶段的投资类型见图1－1。

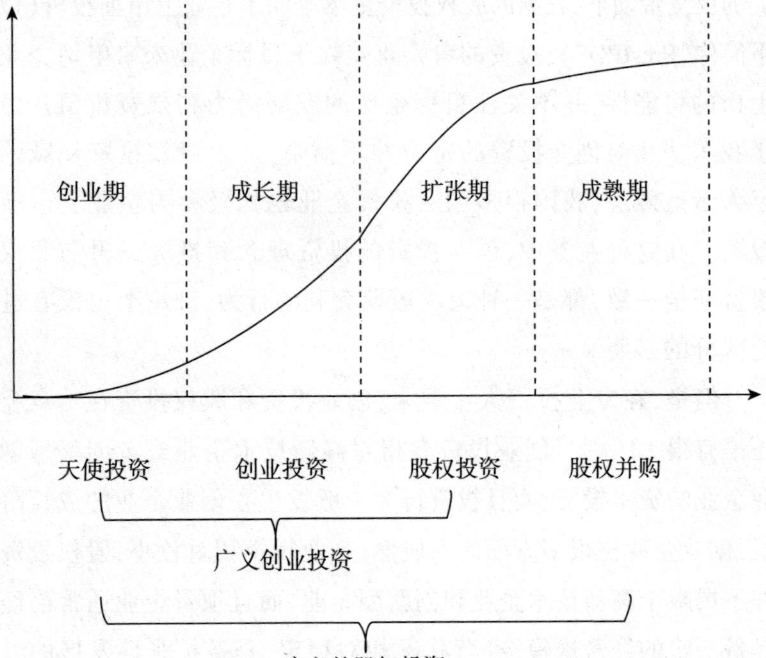

图1－1　企业发展不同阶段的投资类型

在投资实务中，创业投资和股权投资也很难区分。在相当长的一段时间内，由于中国证券市场实行严格的企业上市“核准制”，造成上市企业成为一种稀缺资源，一家企业在上市前后的股权价格可以相差几十倍。由于这种巨大的投资套利空间，我国股权投资就逐渐演变成以目标企业是否申请首次公开发行股票和上市交易（以下简称“企业上市”或“IPO”）为最高投资目标，无论目标企业属于何种行业、是否具有未来发展潜力，只要目标企业未来几年能符合企业上市的条件就可以进行投资；只要企业上市成功，股权投资就可以顺利退出并实现巨额套利。在这种示范效应的反复带动下，我国的股权投资基本等同于企业上市前投资（以下简称"Pre-IPO"），投资的考察重点在于目标企业未来申请企业上市的可能性，并不关注目标企业的发展潜力和投资价值。由于我国法律对创业投资的定位并不清晰，加上股权投资领域的巨大示范效应，我国很多创业投资企业也积极参与企业上市前投资。在这种业务中，创业投资的投资理念和投资逻辑与股权投资完全一致，都是一种追求短期套利的行为，理论上也没有进行区分的必要。

但是，在专业投资人士看来，创业投资和股权投资在本意上还是有很大区别。创业投资专指对高新技术企业或者创新型创业企业的资本投资，而且投资行为一般发生在创业企业的成长阶段，创业企业在很多方面尚不成熟、企业规模相对较小；股权投资并不局限于高新技术企业和创新型企业，而且项目企业通常已经具备一定的经营规模、经营状况相对稳定、具备扩张性发展的潜力。创业投资和股权投资两者的比较，参见表1－1。

表1－1　创业投资和股权投资的比较

区别	项目	创业投资	股权投资
相同点	募集方式	只能以私募方式募集资金，出资方式只能是货币	
	投资对象	通过独具慧眼筛选和发现创业企业的价值	
	服务方式	通过增值服务帮助创业企业成长，实现投资增值	
	退出方式	通过股权转让实现投资价值，获得资本增值收益	

续表

区别	项目	创业投资	股权投资
不同点	适用对象	成长性的高新技术企业、创新性企业	多适用于有一定规模或者影响力的企业,既包括建筑、商业、物流等传统型企业,也可以包括上市公司的定向增发
	资本投入方式	通常对创业企业进行增资,是一种增量投入	通常购买股东持有的被投资企业现有股权,被投资企业股本总量没有增加,是一种存量调整
	选择企业要素	主要考察创业企业的成长性,同时需要全面考察企业产品、商业模式、管理团队和组织架构等	主要考察管理增值空间,能够通过提高管理效率获得增值回报
	服务事项	需要多方面提供增值服务,甚至包括引进专业团队	主要在企业组织管理体系和财务管理方面提供增值服务
	注册资本	创业投资企业的注册资本金不低于 3000 万元,首期实收资本不低于 1000 万元	股权投资企业的注册资本金不低于 1 亿元,首期实收资本不低于 2000 万元
	单个投资者投资额	创业投资企业的单个投资者投资额不低于 100 万元①	股权投资企业的单个投资者投资额不低于 1000 万元

① 国家发展和改革委员会等十部委《创业投资企业管理暂行办法》第 9 条。准确地说,这是创业投资企业向管理部门办理备案应当具备的条件。

第二节 创业投资的特点

根据创业投资的通用概念可知,创业投资是一种非常独特的投资活动,具有与一般投资活动明显不同的特点。

一、以高新技术企业为投资对象

与传统企业相比,高新技术企业更具备高成长性特点,所以创业投资往往把高新技术企业作为主要投资对象。而且,理想的创业投资对象,不仅要求科技含量高,而且要求创新性强,能够创造新产品或新服务,开辟新市场,因此具备更广阔的成长空间。

二、投资周期长

企业产品开发是项系统工程,从研究开发、产品试制、正式生产,从产品投入市场到企业盈利,从初具规模到快速成长或者申请企业上市,通常至少需要七八年;即使目标企业股票获准上市,创业投资企业也会受到转让股票的限制(一般 12 个月)、不能立即转让股票收回投资。所以,创业投资从实际投资一家项目企业到退出,一般都需要 3 ~ 5 年,投资周期长。正是基于这个原因,《创业投资企业管理暂行办法》规定创业投资企业的存续期限“最短不得短于 7 年”①。

---

① 国家发展和改革委员会等十部委《创业投资企业管理暂行办法》第 19 条。

三、高收益和高风险并存

创业投资之所以钟情于高新技术企业，是因为高新技术企业往往能够创造超额利润，具备更广阔的成长空间。有人估算，一次成功的创业投资，投资回报率通常高达10倍以上；如果目标企业实现上市，创业投资的回报率在30倍以上，经过摊薄计算，创业投资的综合平均年回报率也常常在30%以上，远远高于金融市场平均回报率。但是，高收益与高风险总是相伴相生。任何一项高新技术产品开拓性的构思、设计、投产、商业化过程都存在诸多不确定性因素，从而产生技术风险、市场风险、管理风险和环境风险。环境与市场等因素的变化是不可预测的，也是无法控制的，因此，创业投资失败率极高，如美国"硅谷"，每年都有许多创业企业因为管理不善或者资金不足、经济形势的影响等原因而半途夭折。

四、组合投资方式

由于创业投资的高风险特点，创业投资企业一般通过组合投资来分散风险，《创业投资企业管理暂行办法》也倡导创业投资企业进行组合投资，规定"创业投资企业对单个企业的投资不得超过创业投资企业总资产的20%"①。通过组合投资，创业投资企业可以避免个别投资项目损失对企业造成重大影响，提高创业投资企业的抗风险能力和持续经营能力。

---

① 国家发展和改革委员会等十部委《创业投资企业管理暂行办法》第16条。

五、权益增值和增值服务

创业投资企业看重创业企业的成长性和潜在高收益性，一般并不要求目标企业在预订的期限之前分发股利或偿还，而是追求创业企业成长期的股权增值收益。同时，创业投资不仅对创业企业投入资金，而且还向目标企业提供包括发展战略、市场营销、企业管理、资本运作等各方面的策划、咨询、中介等服务，使目标企业得以快速发展和壮大，从而提升其价值，这都属于创业投资的增值服务。

六、阶段性分期投入

由于创业企业需要进行较长时间的发展，为控制投资风险，创业投资企业通常会根据创业企业发展过程的不同阶段、结合项目企业的发展程度和资金需求，分期投入创业资本。在这个过程中，一旦发现重大问题，创业投资企业立即中止投资，以便把创业投资风险降到最低。因此，创业投资常常事先没有确定的投资总量和期限，而传统投资往往是一次性支付或按照确定的时间分期投入资金。

七、循环性投资

每一次创业投资都有一个投资周期，创业投资期满后，创业投资企业会在目标企业上市或成长期内以出售股权的方式退出变现，收回资本并获取高额投资收益，然后将增值后的资本再投入到其他创业企业项目，是“投入—增值—退出—再投入”的循环运作方式，在这个过程中实现投资资本的快速扩张。

第三节　创业投资的发展历程

根据业界通常的观点，我国创业投资行业的发展历程大致可以分为五个阶段①，在此作个简要介绍。

一、创业投资萌芽孕育阶段(1985～1997年)

1985年3月，中共中央《关于科学技术体制改革的决定》颁布，明确提出允许以创业投资的方式支持具有较高风险的高新技术企业发展，从此拉开了中国创业投资发展的序幕。次年，财政部与原国家科学技术委员会共同出资成立了中国首家创业投资公司(中国新技术创业投资公司)，专门从事高新技术企业投资，标志着我国创业投资业的起步。

1991年3月，国务院颁布《国家高新技术产业开发区若干政策的暂行规定》，允许高新技术开发区自主成立创业投资公司，用于支持高新技术产业发展；1992年，我国第一家创业投资基金——南山风险投资基金成立，投资规模8000万元人民币。

1995年5月，中共中央、国务院颁布《关于加速科学技术进步的决定》，再一次明确要“发展科技风险投资事业，建立科技风险投资机制”。

1996年5月，全国人大通过《促进科技成果转化法》，规定

① 有不同观点认为我国创业投资的历程可以分为三个阶段：1985～2004年是探索与起步阶段，2005～2012年是快速发展阶段，2013年到现在是制度化发展阶段。不同的阶段划分只是代表不同人的观点，并没有对错之分。

"国家鼓励设立科技成果转化基金或者风险基金,其资金来源由国家、地方、企业、事业单位以及其他组织或者个人提供,用于支持高投入、高风险、高产出的科技成果的转化"。同年10月,国务院《关于"九五"期间深化科学技术体制改革的决定》中再次强调要"积极探索科技发展风险投资机制,促进科技成果转化"。

1997年,国务院组织七部委成立了"国家创业投资机制研究"小组,从此将创业投资发展正式提升到国家战略层面。

我国早期的创业投资公司都是在政府的强力推动下诞生的,从一开始就带有浓厚的行政色彩,更多的是体现政府意志。在当时的历史背景下,无论是政府的理念,还是科技体制和经济体制,都存在很大的局限性,萌芽阶段的中国创业投资公司举步维艰。据数据统计,截至1997年,我国创业投资机构仅有51家,创业投资管理资本总额达101.2亿元。

二、创业投资迅速成长阶段(1998~2000年)

在国务院成立国家创业投资机制研究小组之后,1999年3月,科技部联合七部委颁布了《关于建立风险投资机制的若干意见》,允许风险投资机构通过建立风险基金和融资担保基金的方式支持高新技术企业发展,并且还明确将中小企业作为重点扶持对象;同年8月,中共中央、国务院颁布《关于加强技术创新,发展高科技,实现产业化的决定》,国务院又在12月转发《关于建立风险投资机制的若干意见》,就中国建立创业投资机制作出明确指示。特别是国务院办公厅转发的《关于建立风险投资机制的若干意见》中,全面概括了中国发展创业投资的意义、目的、原则以及实施办法,是中国关于创业投资发展的框架性和纲领性文件。受国家政策的鼓励，仅在1999年这一年就有将近200家创业投资公司成立。

2000年，国家"十五规划"提出"加快建立风险投资机制，发展创业板资本市场"的建议，并拟议将二板市场定名为创业板，但实际并未推出。同年10月，我国第一部地方性创业投资规章《深圳市创业资本高新技术产业暂行规定》在深圳颁布实施。

这一时期，在中央政府和地方政府的大力推动下，中国的创业投资无论在公司数量上，还是在创业资本总额上，都出现了惊人的增长。据统计，到2000年，我国创业投资机构从1997年的51家增长到223家，增幅达396.08%；相应地，创业投资管理资本总额也从1997年的101.2亿元增加到2000年的512亿元，增幅约405.93%。同时，参与中国创业投资的资本属性，也呈现多元化，具体表现为不仅有政府资本，民间资本与国际资本也积极参与其中。例如，1999年至2000年间，北京创业投资协会、深圳市创业投资同业公会以及上海市创业投资企业协会的相继成立，标志着社会创业投资与政府创业投资之间的沟通平台已基本搭建成型。

三、创业投资行业调整阶段(2001~2004年)

2001年美国互联网泡沫的破裂，导致中国资本市场的各类股指指数拦腰折半。基于此，作为创业投资最佳退出途径的创业板市场，被再次延迟推出。同时，那些刚刚走出1997年亚洲金融危机阴霾的创业企业，其盈利能力显然没有完全恢复，这就意味着创业投资在短期内无法实现增值退出。毋庸置疑，寄望于依托创业板市场实现资本退出的创业投资公司，因资本短期内无法增值退出就此陷入困境。

相应地,中国创业投资行业在2001年之后也陷入了发展的低谷阶段,其间大量创业投资公司因资本无法收回而纷纷倒闭破产。据统计,从2001年到2004年,中国创业投资公司的数量从323家减少到304家,管理的创业投资也从619.3亿元下降至617.5亿元。

在这一阶段,政府也进行了一些制度创新,2001年8月,《关于设立外商投资创业投资企业的暂行规定》发布;2002年,《中小企业促进法》发布,这是第一部针对我国中小企业的专门法律,为加速科技成果转化和创业投资健康发展提供了法律依据。这期间,最大的亮点当属2004年5月深交所中小企业板市场的推出,为创业投资公司实现资本增值退出开辟了新渠道,促进了中国创业投资的发展。到2019年年底,中小板上市企业从首批8家发展到近千家,股票市值接近深沪两市总市值的20%,实现了跨越式发展。

四、创业投资快速膨胀阶段(2005~2010年)

2005年是中国创业投资发展史上的分水岭,也是中国创业投资步入快速膨胀阶段的元年,主要表现为一系列制度建设为中国创业投资发展形成有效支撑。

2005年4月,中国证券监督管理委员会(简称"证监会")发布了《关于上市公司股权分置改革试点有关问题的通知》,初次建立多层次资本市场,为创业投资发展带来新的生机。2005年10月27日,第十届全国人大常委会通过《公司法》第三次修订,对公司出资制度作出重大变革,由股东出资实缴制变更为认缴制,同时取消公司对外投资的比例限制①,为创业投资的快速发展排除法律上的障碍。在修订之前,原《公司法》第12条规定:"公司可以向其他有限责任公司、股份有限公司投资,并以该出资额为限对所投资公司承担责任。公司向其他有限责任公司、股份有限公司投资的,除国务院规定的投资公司和控股公司外,所累计投资额不得超过本公司净资产的百分之五十"。

2005年11月15日,国家发展和改革委员会等十部委共同颁布了《创业投资企业管理暂行办法》,首次就创业投资公司的组建设立和投资运行进行了明确规定,同时允许政府设立创业投资引导基金,用以引导创业投资公司的投资行为,对创业投资公司发展形成示范效应,成为我国创业投资发展的指导性制度。

2006年2月,国务院颁布《实施〈国家中长期科学和技术发展规划纲要(2006~2020年)〉的若干配套政策》,将"加快发展创业风险投资事业"和"建立支持自主创新的多层次资本市场"纳入国家科技发展战略,为创业投资事业提供了政策保障。同年,中国证监会出台相关文件,允许中关村科技园区试点试行非上市公司股份代办转让系统,拓宽了创业投资的交易和退出渠道。2006年8月,第十届全国人大常委会讨论通过《合伙企业法》修订案,引入了有限合伙企业制度,为创业投资的发展注入强劲动力②。

2007年,财政部和科技部联合发布《科技型中小企业创业投资引导基金管理暂行办法》,详细规定了阶段参股、跟进投资、风险补助和投资保障等方面,着力引导创业投资机构支持科技型中

---

① 《公司法》(2005年修订)第15条规定:公司可以向其他企业投资。

② 《合伙企业法》(2006年修订)第2条。

小企业自主创新。

2008 年 10 月，国务院办公厅下发《关于创业投资引导基金规范设立与运作的指导意见》，促进创业投资引导基金的规范设立与运作，极大促进了创业投资企业发展。

2009 年 4 月，国家税务总局公布《关于实施创业投资企业所得税优惠问题的通知》，进一步优化和完善对创业投资企业税收优惠制度，促进创业投资企业的发展。

值得一提的是，2009 年 3 月，证监会正式发布《首次公开发行股票并在创业板上市管理暂行办法》，以此为依托，2009 年 10 月，孕育十年的创业板在深圳证券交易所正式推出，为创业投资发展和创业投资增值退出开辟了新路径。应该说，这是中国创业投资发展史上的里程碑，对激励中国创业投资公司和创业企业发展具有重大意义。

2005 年之后的中国创业投资呈现三大特点：第一，创业投资公司数量及其管理资本总额规模不断扩大。据统计，从 2005 年到 2011 年，中国创业投资公司的数量由 319 家上升至 882 家，所管理的投资资本总额由 631.6 亿元扩大到 3198 亿元。第二，创业投资资本的来源趋于多元化。这一时期，创业投资资本来源由政府和国有独资公司所垄断的格局被打破，一些非国有企业、银行、外资以及个人资本逐步进入创业投资行业。第三，科技园区创业投资发展资金与创业投资资本相结合。受《创业投资企业管理暂行办法》的影响①，北京、上海、苏州、天津等地纷纷设立创业投资

---

① 国家发展和改革委员会等十部委《创业投资企业管理暂行办法》第 22 条："国家与地方政府可以设立创业投资引导基金，通过参股和提供融资担保等方式扶持创业投资企业的设立与发展。"

引导基金，以引导民间创业投资资本有效运作，从而大大提高了创业投资的使用效率。

五、创业投资制度化发展阶段（2011～2019年）

中国创业投资公司在经历了2005～2010年的迅速发展，特别是经过2010年的非理性发展与过度膨胀之后，受国内经济增长放缓以及资本市场低迷的拖累，再次陷入深度调整。据统计，2010年的中国创业投资公司的平均退出回报率为10.77倍，2011年就下降为9.16倍，2012年，中国创业投资公司的退出回报率已经下滑至6.93倍，3年间下滑30%。在整体投资回报率方面，2012年的整体投资回报水平也处于低位，其中50倍以上回报倍数仅有3笔，其余每笔投资的账面回报水平大多在30倍以下。

自2011年起，国家开始加强规范股权和创业投资企业的市场。国家发改委在1月和11月分别出台了《关于进一步规范试点地区股权投资企业发展和备案管理工作的通知》和《关于促进股权投资企业规范发展的通知》。

2014年8月，《私募投资基金监督管理暂行办法》发布，证监会对私募类股权投资基金、私募类证券投资基金和其他私募投资基金实行统一监管。

2015年，国务院《关于大力推进大众创业万众创新若干政策措施的意见》出台，明确地提出了扩大创业投资、发展创业投资服务，促进并实施四个维度的"大众创业、万众创"新战略。

为进一步促进创业投资持续健康发展，2016年9月20日，国务院再次下发《关于促进创业投资持续健康发展的若干意见》（国发〔2016〕53号），同年，财政部和国家税务总局联合发布《关于完善股权激励和技术入股有关所得税政策的通知》(财税〔2016〕101号)。这两项政策降低了股权激励的税收负担,进一步引导社会资本投资方向,激发“双创”投资热情。

在这一时期,国家出台的一系列政策,促进了创业投资的深度发展,逐渐建立起以天使投资、政府产业引导资金、创业投资等多主体的创业投资框架。随着我国资本市场的行政干预逐渐减少和市场稳定性逐渐增强,日渐成熟的资本市场为我国创业投资的发展提供更加多元的服务。就以创业板为例,到2019年,创业板上市公司数量从2009年的28家增加到791多家,总市值达6万亿元,已经成为资本市场重要的力量。而且,创业板最初上市的一批公司业绩出现了明显的扩张,爱尔眼科、乐普医疗这批优秀的企业市值目前都超过400多亿元,见证了创业投资行业在这十年内的高速增长态势。

第四节 青岛市创业投资行业的发展

一、青岛市创业投资发展回顾

1. 从无到有(1999~2004年)

青岛市创业投资行业的发展与国内行业发展亦步亦趋。1999年,青岛市政府拨款3000万元设立青岛市第一支科技创业投资基金,2000年又追加6000万元,在此基础上组建青岛市科技风险投资有限公司,这便是青岛市创业投资的开端。

青岛市创业投资行业刚刚起步不久便遭遇2001年资本市场

的寒冬，国家创业投资也进入调整期，2002～2003年，中国创业投资机构数量减少了63家，新募集资金减少了约80亿元，青岛创业投资发展陷入停滞。

在行业调整的大背景下，青岛市也在积极找寻新的出路。2002年，青岛市政府出台了《青岛市鼓励风险资本投资高新技术产业规定》，这是青岛市关于创业投资的第一部法规，该规定的出台为青岛市高新技术企业运用风险投资促进科研成果转化提供了良好的政策空间，为青岛市处于起步阶段的创业投资起到了保驾护航的作用。

2003年，青岛市技术产权交易所挂牌成立，揭开了青岛市投资中介体系建设的序幕，交易所成立后，先后与深圳国际高新技术产权交易所、成都技术产权交易所建立了战略联盟关系，成为青岛创业投资发展中的一大“亮点”。

2. 曲折前行(2005～2015年)

2005年起，随着《创业投资企业管理暂行办法》的实施，我国创业投资行业发展开始回暖，青岛创业投资行业也进入新一轮的发展。但是，随着2008年发生的全球性次贷危机，受其影响，青岛市创业投资行业的发展并不顺利。

2010年4月，青岛市人民政府发布《青岛市创业投资引导基金管理暂行办法》，自此青岛市正式设立创业投资引导基金，并且按照“政府引导、市场运作，科学决策、防范风险”的原则，吸引和扶持在本市行政区域内设立创业投资企业。

2012年，青岛市人民政府发布《青岛市人民政府关于加快股权投资发展的意见》，旨在不断加大财政税收政策扶持力度，引导股权类投资聚集性发展，加快推进青岛市创业投资发展。

2014 年青岛市股权与创业投资行业协会成立，协会致力于服务资本、服务创业企业，促进行业健康发展。

截至 2014 年，在青岛市注册的私募股权投资机构的数量已经达到了 280 家，注册资本达到了 173 亿元，这些数据较往年均实现了大幅度的增长，都创出了历史的最高值。

3. 高速发展（2016 ~ 2019 年）

经过十几年发展，2016 年之后青岛市的创业投资行业已渐趋成熟，进入高速发展阶段。

为响应山东省新旧动能转换的要求，2018 年，青岛市发布《青岛市新旧动能转换引导基金管理办法》，设立新旧动能转化引导基金，基金采取引导基金、母基金、子基金三级架构，优先投向创新性企业和市级以上重点人才创新等项目。

2019 年 5 月，2019 全球（青岛）创投风投大会在青岛召开，会议召开同时，发布《关于支持打造创投风投中心若干政策措施的通知》，即“青岛十条”。“青岛十条”为进一步优化青岛创投风投发展环境，促进国内外创投风投机构向青岛聚集发展，将青岛打造成创投风投中心城市提供了政策支持和制度保障。

截至 2018 年年底，青岛注册创业投资企业及管理公司 201 家，注册资本 203.7 亿元，在中国证券投资基金业协会已登记的青岛辖区私募基金管理人 236 家，专业化众创空间已经超过 344 家，居副省级城市首位。从 1999 年青岛创业投资行业初建，到 2019 年全球（青岛）创投风投大会在青岛召开，青岛已成为山东省内创业投资行业龙头城市。

二、青岛市当前创业投资环境分析

1. 天时

上合经贸示范区、山东自贸试验区青岛片区等相继落地，青岛站在了新一轮改革开放的最前沿。2019 年全球(青岛)创投风投大会的召开，更加体现出青岛已成为中国北方新的创业投资鳌头，有打造新一线创投中心的趋势。在一系列国家政策扶持之下，青岛创业投资行业发展迅速，2018 年青岛 GDP 超过 1.2 万亿元，增长 7.4%。而在增长的前十强产业中，现代海洋产业、医养健康、高端化工三大产业增加值增速均超过 10%。同时，新旧动能转换投资拉动明显，其中战略新兴产业投资增长 32.8%，高技术制造业投资增长 59%。在创新驱动能力增强的同时，产业结构也不断优化，新兴产业成为拉动工业、服务业发展的新兴力量。另外，截至 2019 年年底，青岛市范围内 A 股上市公司数量达到 39 家，全市境内外上市企业总数量达到 51 家，市值超过 6500 亿元人民币。

随着新兴行业发展和 5G 技术的运用，青岛制造业成为 5G 应用的"试验场"。当前，青岛正与华为、商汤科技、科大讯飞等国内人工智能领军企业开展战略合作，在青岛开展人工智能场景应用和产业孵化，建立集培训教育、创业、风投、技术应用、产业化于一体的人工智能的孵化和应用的生态体系，在国内率先打造人工智能应用与服务产业高地。

2. 地利

青岛市位于山东半岛东南部，是我国沿海重要中心城市、国际性港口城市，是山东半岛蓝色经济区核心城市。青岛是全国著名的海洋科学城，拥有中国海洋大学等 7 家国家级海洋科教机构，高级海洋专业技术人才占全国同类人才的 30%，它承担了“十五”以来国家“973”计划 91% 的海洋科研项目，荣获的国家海洋创新成果奖占全国 50%。山东半岛蓝色经济区上升为国家战略，青岛市作为蓝色经济区的龙头，在崂山区至鳌山湾一线打造青岛“蓝色硅谷”，发展以海洋为主要特色的高科技研发及高技术产业集聚区域。

近几年青岛的蓝色经济区金融中心建设不断加快，“蓝色银行”日渐兴起，为蓝色经济区建设提供了畅通的投融资渠道和良好的金融服务，新兴海洋科技的发展，也成为青岛吸引投资的一大端口。

青岛还是“一带一路”新亚欧大陆桥经济走廊主要节点城市和海上合作战略支点，“海上丝路”沿线国家市场成为青岛市开展国际经贸合作的新领域、新亮点，发展动力充足，市场潜力巨大。基于此，青岛在吸引外商投资方面有着其他城市无法比拟的优势。

3. 人和

近年来青岛致力于优化创业和投资环境，发布多项创业、引才、创投支持和鼓励政策，“创业、创新 + 创投”的协同互动发展格局正在逐渐形成。

为激发创新活力，吸引高层次人才，一方面，引高校和引人才双措并举，不断填充人才缺口。青岛在原有 24 所高校的基础之上，再引进 32 所，其中已有 16 所落地运行。青岛依托西海岸新区、蓝谷核心区、红岛经济区三大区域，分别构建古镇口大学城、国际海洋科教中心和国际高新技术人才培养基地三大板块的高等教育新格局，针对各区市的不同区域文化特色和产业优势，布局高等教育机构。同时，青岛市不断出台“引才政策”，《青岛市引进高层次优秀人才来青创新创业发展的办法》《青岛市科学技术局创业创新领军人才计划实施细则》《关于实施人才支撑新旧动能转换五大工程的意见》等一系列人才引进政策的发布实施，形成人才聚集效应，为青岛打造国际创投风投中心注入新的血液。

另一方面，青岛市是不断出台创投风投新政，充分发挥政府的杠杆作用，不断释放政策红利，为创业投资企业保驾护航。近几年青岛市创业投资有关的政策文件，见表 1－2。

表 1－2　青岛市创业投资政策文件汇总

年份	法律法规	文号
2010	青岛市市级创业投资引导基金设立方案	青政办发〔2010〕11 号
2010	青岛市创业投资引导基金管理暂行办法	青财企一〔2010〕25 号
2011	新兴产业创投计划参股创业投资基金管理暂行办法	财建〔2011〕668 号
2012	青岛市人民政府关于加快股权投资发展的意见	青政发〔2012〕4 号
2013	青岛市人民政府办公厅关于进一步支持股权投资类企业发展有关事宜的通知	青政办发〔2013〕22 号
2018	青岛市新旧动能转换引导基金管理办法	青政办发〔2018〕10 号
2019	青岛市人民政府关于支持打造创投风投中心若干政策措施的通知	青政发〔2019〕11 号

当前，青岛市创业投资环境良好，新兴产业尤其是海洋产业发展势头正猛，形成许多新的产业增长点和投资点，国家政策倾斜，地方政府在资金和税收方面给予充分的支持和保障，留住人才、引进人才等一系列举措，保证了当地的创新人才力量，“投资

青岛,就是投资国家战略"已成为共识。

第五节 创业投资的未来展望

2009年10月,深圳证券交易所正式推出的创业板,是中国创业投资发展史上具有里程碑意义的一次重大历史事件。创业板的定位初心与创业投资的宗旨不谋而合,都是要服务于成长型的、处于创业阶段的企业,特别是那些具有自主创新能力的高新技术企业,助力创新型科技企业的发展。随着我国互联网兴起和互联网产业的发展,对互联网企业情有独钟的创业投资获得巨大的投资收益,很多创业投资企业都是通过创业企业在创业板上市实现顺利退出。但是,尝到创业投资甜头的创业投资企业在实现投资增值收益之后,基本上继续进行新一轮创业投资,雪球越滚越大,形成了正向激励,加上各地方政府的政策鼓励,越来越多的投资者开始参与创业投资,更促进了创业投资的快速发展。

到2019年10月底,创业板正式开市已满10年。回顾总结,创业板的确取得很大成绩,但也明显存在一些不足。例如,由于创业板上市的门槛很高,很多处于创业阶段、具有自主创新能力的高新技术企业被无情地挡在创业板市场门外,远远没有充分发挥创业板的积极作用。依照股票上市管理的相关规定,拟申请在深交所创业板企业上市的企业至少应当符合:"(1)最近两年连续盈利,最近两年净利润累计不少于一千万元,且持续增长;或者(2)最近一年盈利,且净利润不少于五百万元,最近一年营业收入不少于五千万元，最近两年营业收入增长率均不低于百分之三十”[①]。由于实行严格的“审批制”，上市企业名额非常有限，申请上市的资格都成为一种稀缺资源。为保证上市的成功率，所有保荐机构都对拟上市企业提出更高的要求，进一步推高了创业板上市的门槛。而且，在数量很少的上市名额中，由于创业板只对企业的经营和财务指标提出要求，并没有严格限制和聚焦到高科技企业，实践中其他传统行业的企业（包括公共事业类）又挤占相当一部分上市名额。凡此种种因素，造成一大批迫切希望得到资本市场支持，但尚处于创业阶段的高新技术企业无缘创业板，这也不符合创业板当初的定位。

2019 年 7 月，酝酿已久的科创板在上海证券交易所隆重登场，首批 25 家高科技企业正式挂牌上市交易。从定位来看，科创板将重点支持新一代信息技术、高端装备、新材料、新能源、节能环保以及生物医药六大高新技术产业和战略性新兴产业。因此，科创板的推出对我国相关领域核心技术的创新发展将产生积极的推动作用。

不仅如此，科创板在试行企业上市“注册制”方面也进行了积极探索。与创业板不同，科创板在企业上市门槛上引入了“市值”指标，与收入、净利润、研发投入、现金流等进行组合形成 5 套标准[②]，可以满足在关键领域已突破核心技术或取得阶段性成果、拥有良好发展前景，但财务表现不一的各类科创企业上市需求，而且允许存在未弥补亏损、未盈利企业上市，也不再对无形资产占

---

① 证监会《首次公开发行股票并在创业板上市管理暂行办法》（第 61 号令）第 10 条。

② 上海证券交易所《科创板股票发行上市审核规则》第 22 条。

比进行限制。这不仅为科创型企业提供了全新融资通道，也为高科技型创投资金开辟了新的退出渠道，使我国创业投资发展向前迈出新的一步。科创板与创业板的比较，参见表1-3。

回溯2009年，承载着“中国纳斯达克”愿景的创业板正式开闸，但因种种原因，创业板最终未能完成设立的“初心”；2019年，科创板再次带着“中国纳斯达克”的愿景、带着投资者对我国资本制度改革的期许闪亮登场。如果说，十年前创业板驱动了创业投资向“量”的方向发展，如今的科创板将驱动创业投资向“质”的方向改变。由于科创板的推出，拥有核心竞争力的高科技类企业将成为资本市场争相追逐的宠儿，并受到更多创业投资企业的追捧和青睐。换句话说，科创板将重新定义创业投资的投资逻辑和策略，鼓励和引导创业投资逐渐转向长期价值型投资，更加注重具有自主知识产权的高新技术企业的投资价值。

表1-3　科创板与创业板上市条件对比

项目	科创板	创业板
目标企业	优先支持符合国家战略，拥有关键核心技术，科技创新能力突出，主要依靠核心技术开展生产经营，具有稳定的商业模式，市场认可度高，社会形象良好，具有较强成长性的企业	主要经营一种业务的自主创新企业及其他成长型创业企业
股本条件	符合《证券法》的要求，发行后股本总额不低于人民币3千万元	相同
发行比例	符合《证券法》的要求，首次公开发行的股份达到公司股份总数的25%以上，公司股本总额超过人民币4亿元的，首次公开发行股份的比例为10%以上	相同

续表

<table>
<tr><th>项目</th><th>科创板</th><th>创业板</th></tr>
<tr><td rowspan="5">财务指标</td><td>一、市值不低于 10 亿元时满足：
1)最近两年净利润均为正且累计净利润不低于人民币 5000 万元；或
2)最近一年净利润为正且营业收入不低于人民币 1 亿元</td><td>1)最近两年连续盈利，最近两年净利润累计不少于 1000 万元；或者
2)最近一年盈利，且净利润不少于 500 万元，最近一年营业收入不少于 5000 万元，最近两年营业收入增长率均不低于 30%</td></tr>
<tr><td>二、市值不低于 15 亿元时满足：最近一年营业收入不低于人民币 2 亿元，且最近三年累计研发投入占最近三年累计营业收入的比例不低于 15%</td><td rowspan="4">最近一期末净资产不少于 2000 万元，且不存在未弥补亏损</td></tr>
<tr><td>三、市值不低于 20 亿元时满足：最近一年营业收入不低于人民币 3 亿元，且最近三年经营活动产生的现金流量净额累计不低于人民币 1 亿元</td></tr>
<tr><td>四、市值不低于 30 亿元时满足：最近一年营业收入不低于人民币 3 亿元</td></tr>
<tr><td>五、市值不低于 40 亿元时满足：主要业务或产品需经国家有关部门批准，市场空间大，目前已取得阶段性成果。医药行业企业需至少有一项核心产品获准开展二期临床试验，其他符合科创板定位的企业需具备明显的技术优势并满足相应条件</td></tr>
<tr><td>稳定性</td><td>发行人主营业务、控制权、管理团队和核心技术人员稳定，最近二年内主营业务和董事、高管及核心技术人员均没有发生重大不利变化</td><td>最近二年主营业务、董事、高管没发生重大变化</td></tr>
</table>

续表

项目	科创板	创业板
稳定性	控股股东和受控股股东、实际控制人支配的股东所持发行人的股份权属清晰，最近二年实际控制人没有发生变更，不存在导致控制权可能变更的重大权属纠纷	最近二年实际控制人没有发生变更
独立性	资产完整，业务及人员、财务、机构独立，与控股股东、实际控制人及其控制的其他企业间不存在对发行人构成重大不利影响的同业竞争，不存在严重影响独立性或者显失公平的关联交易	发行人应当在招股说明书中披露已达到发行监管对公司独立性的基本要求
诉讼事项	发行人不存在主要资产、核心技术、商标等的重大权属纠纷，重大偿债风险，重大担保、诉讼、仲裁等或有事项，经营环境已经或者将要发生重大变化等对持续经营有重大不利影响的事项	发行人的主要资产不存在重大权属纠纷

其实，科创板的影响力已经远远超过了科创板的本身，并给创业板改革带来很强的预期。2019 年 9 月，全面深化资本市场改革工作座谈会在北京召开，证监会明确资本市场“深改 12 条”，其中包括：总结推广科创板的制度安排，稳步实施注册制，完善市场基础制度，补齐多层次资本市场体系的短板，推进创业板改革等。

2019 年 10 月，证监会决定修改《上市公司重大资产重组管理办法》①，强调允许符合国家战略的高新技术产业和战略性新兴产业在创业板重组上市，其他产业不得在创业板重组上市。该举措旨在引导创业板逐渐回归其“初心”，重点鼓励新能源、新材料、信息、生物与新医药、节能环保、航空航天、海洋、先进制造、高技术

① 证监会《关于修改〈上市公司重大资产重组管理办法〉的决定》（第 159 令号），2019 年 10 月 18 日起施行。

服务等领域战略性新兴产业发展,是创业板改革迈出的第一步。

此外,在创业板中试行"注册制"也令人充满期待。"注册制"在科创板的试行和成功表现,充分说明了"注册制"对激发市场活力、支持高成长性企业具有积极作用。考虑到创业板现在已经具备相当的市场规模、涵盖高科技企业数量和行业领域比科创板更多,如果在创业板推广"注册制",就能够更好发挥市场的价值发现和价值评判功能,提升资本市场对创新经济的包容度,鼓励更多创业投资机构和投资者参与,更广泛地推动我国高新技术企业和创业投资行业的发展。

总之,科创板的横空出世,是我国创业投资发展史上具有里程碑意义的另一个重大事件,其对创业投资行业的意义类似于我国 20 世纪 80 年代的改革开放。作者相信,科创板的设立,势必将对创业投资行业的未来发展产生深远影响,并给我国创业投资行业带来一个灿烂的春天。

第二章 创业投资基础实务

第一节 创业投资企业的类型

从组织形式上看，我国的创业投资企业包括公司制和合伙企业制两种主要类型。有一种观点认为，创业投资类型还有一种“信托制创业投资”，笔者认为，这种说法值得商榷。信托机构（受托人）通过信托计划募集资金而从事创业投资行为，是信托关系的自然延续，信托机构应当以自己的名义从事投资行为，并没有设立一种新的法律主体。根据国家发改委办公厅《关于促进股权投资企业规范发展的通知》（发改办财金〔2011〕2864 号）中第 1 条第 1 项“设立与管理模式”的规定，“股权投资企业应当遵照《中华人民共和国公司法》和《中华人民共和国合伙企业法》有关规定设立”。这表明我国只承认创业投资企业存在公司制和合伙企业制两种企业模式，并不认可信托方式作为一种独特的创业投资模式。实务中，很多集合资金信托也是通过其他的公司制或者合伙企业制创业投资企业向创业企业进行股权投资。

而且，依照我国《信托法》的有关规定，信托机构（受托人）对投资者（委托人）、受益人以及处理信托事务的情况和资料负有依法保密的义务①。但是，上述通知第4项规定："投资者为集合资金信托、合伙企业等非法人机构的，应打通核查最终的自然人和法人机构是否为合格投资者，并打通计算投资者总数"。这种"打通核查"的要求，既让信托计划失去存在的必要，又与信托机构的保密义务存在潜在的冲突。更重要的是，如果认真落实"打通核查"，信托计划中的投资者（委托人）的人数往往会超过法律规定的人数限制，令信托计划自身存在巨大的法律风险。因此，随着上述通知的实施，这种"信托制创业投资"形式会越来越少，将逐渐退出创业投资市场。

一、公司制创业投资企业

公司制创业投资企业包括有限责任公司和股份有限公司两种类型，设立依据是《公司法》。我国早在1993年就颁布实施《公司法》，经过长期的司法实践，公司的理念和相关制度已经得到社会普遍认可，我国早期的创业投资企业都是采取公司制，目前公司制仍然是创业投资企业的主要形式。

---

① 《信托法》第33条。

二、合伙企业制创业投资企业

合伙企业制创业投资企业包括普通合伙企业和有限合伙企业两种类型,其中,有限合伙企业是在《合伙企业法》修订以后才逐步发展起来的。修订后的《合伙企业法》增加了有限合伙企业制度①,该制度因结合了避免双重纳税、同时出资者享受有限责任等诸多优点,颇受创业投资企业的重视和青睐,极大地促进了有限合伙企业制创业投资企业的发展,逐渐成为创业投资领域引领潮流的一种企业形式。

三、公司制和合伙企业制两种形式的比较②

公司制创业投资企业,包括有限责任公司和股份有限公司两种主要形式③;合伙企业制创业投资企业,包括普通合伙企业和有限合伙企业两种形式,实践中以有限合伙企业为主。这四种企业形式各不相同,区别甚大,见表2-1。

表2-1 公司制和合伙企业制创业投资企业的区别

项目	公司制		合伙企业制	
依据	《公司法》		《合伙企业法》	
形式	有限责任公司	股份有限公司	普通合伙企业	有限合伙企业

① 《合伙企业法》(2006年修订)第2条第3款。

② 补充说明:此处仅讨论内资的创业投资企业,外商投资创业投资适用2003年3月1日施行的《外商投资创业投资企业管理规定》,创业投资企业分为非法人制和公司制两种组织形式,与内资的创业投资企业的分类基本一致。

③ 补充说明:理论上,公司制还可以包括国有独资公司和一人公司,但实践中,创业投资企业很少采取这两种公司形式。

续表

项目	公司制		合伙企业制	
性质	资合＋人合	资合	人合	资合＋人合
组织机构	股东会是公司的权力机构。股东会选举董事会成员，董事会对股东会负责	股东大会是公司的权力机构。股东大会选举董事会成员，董事会对股东大会负责	合伙人对执行合伙事务享有同等的权利。委托一个或者数个合伙人执行合伙事务的，其他合伙人不再执行合伙事务	由普通合伙人执行合伙事务。有限合伙人不执行合伙事务，不得对外代表有限合伙企业
出资人人数	股东人数 50 人以下	股东人数 200 人以下	合伙人 2 人以上	合伙人 2 人以上 50 人以下，至少包括一名普通合伙人，其余为有限合伙人
出资人责任	股东以其认缴的出资额为限对公司承担责任	股东以其认缴的股份为限对公司承担责任	合伙人对合伙企业债务承担无限连带责任	普通合伙人对合伙企业债务承担无限连带责任，有限合伙人以其认缴的出资额承担有限责任
出资要求	投资者认缴的最低出资额为 100 万元	投资者认缴的最低出资额为 100 万元	无规定	有限合伙人认缴的最低出资额为 100 万元，普通合伙人无规定
税负承担	两级税制：公司需要就企业所得缴纳企业所得税，股东还需要就其从公司获取的利润分配再次缴纳企业或者个人所得税		先分后税制：合伙企业所得无须缴纳企业所得税，而是由合伙人就个人从合伙企业获取的利润分配缴纳企业或者个人所得税	

续表

项目	公司制		合伙企业制	
出资转让	股东之间可以相互转让其全部或者部分股权。股东向股东以外的人转让股权，应当经其他股东过半数同意。公司章程对股权转让另有规定的，从其规定	自由转让	除合伙协议另有约定外，合伙人向合伙人以外的人转让其在合伙企业中的全部或者部分财产份额时，须经其他合伙人一致同意。合伙人之间转让在合伙企业中的全部或者部分财产份额时，应当通知其他合伙人	有限合伙人可以按照合伙协议的约定向合伙人以外的人转让其在有限合伙企业中的财产份额，但应当提前 30 日通知其他合伙人

第二节　创业投资的基本流程

创业投资的目的是追求股权投资增值，每一项创业投资，其运作流程可以包括募、投、管、退四个环节。

一、募，即募集资金

开展创业投资业务，遇到的首要问题是对外投资的资金来源。创业投资既可以由创业投资企业以自有资金单独或者几个企业联合进行投资（例如上市公司、财力实力雄厚的企业集团），也可以向特定的合格投资者募集资金，单个投资者对创业投资企业的投资不得低于100万元人民币,而且应当以货币出资①。

依照我国现行的法律规定,创业投资的募集资金只能以私募方式向特定的具有风险识别能力和风险承受能力的合格投资者募集,不得向不特定的公众公开募集。而且,资本募集人须向投资者充分揭示投资风险及可能的投资损失,不得向投资者承诺确保收回投资本金或获得固定回报。在资本募集环节,资本募集人应当规范资本募集行为,注意防范“非法集资”的刑事风险。

【相关知识】“非法集资”刑事问题

在我国《刑法》中,涉及非法集资犯罪的罪名共计7个,分别是欺诈发行股票、债券罪(第160条),擅自设立金融机构罪(第174条第1款),非法吸收公众存款罪(第176条),擅自发行股票、公司、企业债券罪(第179条),集资诈骗罪(第192条),组织、领导传销活动罪(第224条之一)以及非法经营罪(第225条)。

其中,非法吸收公众存款罪,欺诈发行股票、债券罪,擅自发行股票、债券罪,组织、领导传销活动罪,非法经营罪5个罪名属于刑法上处理非法集资犯罪的主体罪名。在这5个主体罪名中,非法吸收公众存款罪具有基础性意义,属于非法集资犯罪的一般法规定,其他4个罪名则属特别法规定,数量相对较少。因此,笔者在此处提示的“非法集资”的刑事风险,重点提醒资本募集人注意防范非法吸收公众存款罪的刑事风险。而集资诈骗罪是非法集资犯罪的加重罪名,是行为人采用虚构事实、隐瞒真相的方法意图非法占有社会不特定公众的资金,具有特别明显的非法占有

① 《创业投资企业管理暂行办法》第9条。

的主观恶意,自然不需要别人再提示风险。

依照最高人民法院颁布的相关司法解释,违反国家金融管理法律规定,向社会公众(包括单位和个人)吸收资金的行为,只要同时符合下列四个条件,应当属于“非法吸收公众存款或者变相吸收公众存款”①:

1. 未经有关部门依法批准或者借用合法经营的形式吸收资金;

2. 通过媒体、推介会、传单、手机短信等途径向社会公开宣传;

3. 承诺在一定期限内以货币、实物、股权等方式还本付息或者给付回报;

4. 向社会公众即社会不特定对象吸收资金。

因此,在创业投资的资本募集过程中,资本募集人需要谨记两条主要准则:一是只能以私募的方式募集资金,不得向不特定的公众公开募集,包括:通过在媒体(包括各类网站)发布公告、在社区张贴布告、向社会散发传单、向公众发送手机短信或通过举办研讨会、讲座及其他公开或变相公开方式(包括在商业银行、证券公司、信托投资公司等机构的柜台投放招募说明书等),直接或间接向不特定或非合格投资者进行推介②。二是认真执行“打通核查”原则,认真贯彻执行投资者人数限制的规定。如果投资者人数超过200人,就会被认为向“社会公众”募集资金,有可能构

① 最高人民法院《关于审理非法集资刑事案件具体应用法律若干问题的解释》(法释〔2010〕18号)第1条。

② 国家发展和改革委员会《关于促进股权投资企业规范发展的通知》(发改办财金〔2011〕2864号)第2条。

成非法吸收公众存款罪。

二、投，即作出投资决策

筛选投资项目并作出投资决策是创业投资中最重要的工作，也是最复杂、技术含量最高的工作。创业投资项目是否成功，核心还是取决于投资环节的调研、论证和决策工作是否细致、深入、全面和客观，本书将在下一节专门讨论投资的操作流程。

三、管，即投资后的跟进管理和增值服务

项目投资后，创业投资企业应当安排专门的项目经理具体负责项目的跟踪管理，除了监控创业企业经营进展外，还应为企业提供战略性或策略性咨询等增值服务，使创业企业在短时间内实现快速增值。

创业投资的增值服务通常表现在以下三个方面：

首先，创业投资企业可以自身的专业优势和丰富的投资经验，为创业企业的发展提供战略指导，优化经营模式或者商业模式，提高创业企业的市场竞争力。

其次，创业投资企业可以挖掘和充分利用自己丰富的人脉资源和商业网络，为创业企业介绍有价值的战略合作伙伴，拓展创业企业的发展空间，为创业企业发展提供更有力的支持。

最后，创业投资企业可以帮助创业企业提供管理咨询服务、有效提高创业企业的运营效率和企业品牌价值。

如果创业投资企业与创业企业及其股东签署了《估值调整协议》，创业投资企业应当特别注意，创业投资企业不宜深入参与和干涉创业企业的正常经营，否则，如果创业企业在约定期限无法

实现预期的经营目标,创业投资企业依照《估值调整协议》提出的诉请,法院可能不会支持,并将酌情予以调整。在山东新华医疗器械股份有限公司(简称“新华医疗”)诉被告隋某等 9 名自然人合同纠纷一案中,法院认为双方签署的《补偿协议》合法有效,隋某等 9 名自然人应依约履行其合同义务,按合同约定支付补偿金额,并支付逾期付款违约金。但法院同时认为,新华医疗实际参与并购标的成都英德生物医药装备技术有限公司(项目企业,简称“成都英德”)的经营管理显然既不符合对赌协议的一般做法,也不符合《合同法》的一般原则。新华医疗作为控股股东参与的经营管理,在成都英德业绩下滑之时还要求 9 名被告按双倍业绩补偿显然违反公平原则。最后,对于新华医疗请求的支付业绩补偿额合计 3.8 亿元,法院酌定隋某等 9 人应负担一倍业绩补偿的 70% 责任,最后只作出了给付 1.33 亿元的判决。[①]

四、退,即投资退出

创业投资的退出途径一般有四种方式:创业企业上市、股权转让(包括并购)、股权回购和清算。其中,企业上市是创业投资最理想的退出途径,可以实现创业投资的经济效益最大化,但投资的时间成本也比较高。

股权转让和回购是创业投资最常用的退出方式,股权转让包括向创业企业的原股东、管理层或者其他公司转让股权,按照通常的股权转让流程办理即可;股权回购是由创业企业回购创业投资企业持有的股权,依照《公司法》的相关规定,为“减少公司注册

① 山东省高级人民法院(2018)鲁民初 103 号民事判决书。

资本”之目的，创业企业可以收购本公司股份（股权），但应当自收购之日起十日内注销[1]。

【参考范本】股权回购协议

股权回购协议

甲方（创业企业/回购方）：

乙方（创业投资企业/出让方）：

鉴于：

1. 甲方系一家依据中国法律设立并合法存续的有限责任公司。截至本协议签署日，甲方注册资本为____万元，实收资本为____万元；

2. 乙方同意以货币方式认缴甲方增资，认缴数额为______万元，并承诺在本协议签订后____日缴付。认缴出资后，乙方持有的股权占甲方注册资金比例__%；

3. 甲方同意按照本协议约定的条款和条件回购乙方持有的甲方____%，乙方同意甲方的回购。

为此，双方经充分协商，达成本协议，以资共同信守。

第1条 释义（略）

第2条 股权回购

2.1 回购条件：双方同意，如果甲方在____月内未能在上海/深圳证券交易所实现上市，甲方应当向乙方支付股权转让价款____万元，根据本协议的条款及条件受让乙方持有的全部上述股权。

---

① 《公司法》第142条。

2.2 转让价款及支付

2.2.1 甲方应在本协议签署之日起____日内，将股权转让价款支付至以下乙方指定账户。

2.2.2 双方确认并同意，上述股权回购价款是甲方向乙方支付的全部价款，甲方没有义务就本协议项下的股权回购向乙方支付任何额外款项，甲方亦无权因任何未披露债务要求乙方承担偿还责任。

2.3 股权变更

在股权回购完成后，甲方应根据《公司法》的规定，修改公司章程、及时办理减资手续，以及本次回购涉及的其他工商变更登记手续。

第3条 税费

3.1 股权回购涉及的各项变更登记费用由甲方承担。

3.2 股权回购涉及的税款，依照相关法规和税收征管要求，由双方各自承担。

第4条 陈述与保证

4.1 本协议的一方向对方陈述并保证如下：

4.1.1 每一方陈述和保证的事项均真实、完整和准确；

4.1.2 每一方均具有签订本协议所需的所有权利、授权和批准，并且具有充分履行其在本协议项下每项义务所需的所有权利、授权和批准；

4.1.3 其合法授权代表签署本协议后，本协议的有关规定构成其合法、有效及具有约束力的义务；

4.1.4 无论是本协议的签署还是对本协议项下义务的履行，均不会抵触、违反或违背其营业执照/商业登记证、章程或任

何法律法规或任何政府机构或机关的批准,或其为签约方的任何协议或协议的任何规定;

4.1.5 据其所知,不存在与本协议规定事项有关或可能对其签署本协议或履行其在本协议项下义务产生不利影响的悬而未决或威胁要提起的诉讼、仲裁或其他法律、行政或其他程序或政府调查。

4.2 甲方特别保证与承诺

甲方股东会已审议通过股权回购事宜,且其他股东同意放弃优先购买权。

4.3 乙方特别保证和承诺

4.3.1 除本协议签署日前已经以书面方式向甲方披露的信息外,标的股权不存在任何重大诉讼、仲裁或行政程序正在进行、尚未了结或有其他人威胁进行;

4.3.2 除本协议签署日前已经以书面方式向甲方披露的信息外,标的股权不存在任何担保、抵押、质押、保证等权利负担,且乙方为标的股权的合法的、完全的所有权人;

4.3.3 截至本协议签署日,目标公司与乙方之间不存在任何债务。

第5条 保密

5.1 双方同意对了解或接触到的机密资料和信息(以下简称“保密信息”),尽力采取各种合理的保密措施予以保密:非经另一方的事先书面同意,任何一方不得向任何第三方泄露、给予或转让该等保密信息。双方应当采取必要措施将保密信息仅披露给有必要知悉的代理人或专业顾问,并促使该等代理人或专业顾问遵守本协议项下的保密义务。

5.2 上述限制不适用于：

5.2.1 在披露时已成为公众一般可取得的资料；

5.2.2 并非因任何一方的过错在披露后已成为公众一般可取得的资料；

5.2.3 任何一方可以证明在披露前其已经掌握，并且不是从其他第三方直接或间接取得的资料；

5.2.4 任何一方依照法律要求，有义务向有关政府部门、股票交易机构等披露，或任何一方因其正常经营所需，向其直接法律顾问和财务顾问披露上述保密信息；

5.2.5 双方同意，不论本协议是否变更、解除或终止，本条将持续有效。

第6条 违约与救济

6.1 双方应严格履行本协议规定的义务。任何一方（在本条中以下称为“违约方”）不履行或不完全或不适当履行其在本协议项下的义务，或其在本协议中的陈述与保证被证明为不真实、不准确或有重大遗漏或误导，即构成违约：在这种情况下，本协议另一方（在本条中以下称为“守约方”）有权独自决定采取以下一种或多种救济措施；

6.1.1 暂时停止履行其在本协议项下的义务，待违约方将违约情势消除后恢复履行；

6.1.2 如果违约方的违约行为导致股权转让无法完成，或严重影响了守约方签署本协议的商业目的而且无法弥补，或者虽然可以弥补但违约方未能在合理的时间内予以弥补，则守约方有权向违约方发出书面通知单方面解除本协议，该解除通知自发出之日起生效；

6.1.3　要求违约方赔偿其所有的损失,包括因本协议发生的所有成本和费用。

6.2　本协议规定的权利和救济是累积的,且不排斥法律规定的其他权利或救济。

6.3　本条规定的守约方的权利和救济在本协议或本协议的任何其他条款因任何原因而无效或终止的情况下仍然有效。

第7条　法律适用

本协议的制定、解释及其在执行过程中出现的或与本协议有关的纠纷之解决,受中华人民共和国现行有效的法律的约束。

第8条　争议解决

双方如就本协议的解释或履行发生争议时,首先应努力通过友好协商解决。如果在十日内双方经协商对争议仍然无法达成一致意见,该争议应依本协议规提交仲裁,以作为最终及排他的解决方式。仲裁应提交__仲裁委员会并按该委员会有效的仲裁规则进行。

仲裁裁决为终局裁决,对双方都有约束力。

第9条　通知

本协议条款之下所允许或被要求发出的所有通知以航空挂号邮递、快递或传真等书面通知方式发送至另一方如下地址(或另一方书面通知的其他地址),则应视为通知发出方已经适当履行了通知义务。本协议下收到通知的日期或通讯往来的日期为信件寄出后的____天(如果以快递等邮递方式递交的信件),或者是发出后的____个工作日(如果以传真方式发送)。

第10条　其他事项

10.1　本协议及其附件是各方关于本协议所涉及事宜所形

成的全部协定,应代替各方在此前经讨论、谈判、协商所形成的有关此事宜的所有决定(无论书面或口头形式),如果以前的决定与本协议条款发生矛盾,以本协议为准。

10.2 本协议如有任何部分条款无效并不会致本协议任何其他部分或全部无效。一旦有任何部分被认为无效,则本协议其他部分仍应被充分履行;但如果本协议主体条款无效导致本协议根本无法执行的情形除外。

10.3 本协议未尽事宜,各方可另行签署补充协议,补充协议与本协议具有同等法律效力。

10.4 本协议经各方签字、盖章后生效。本协议一式四份,各方各执两份。

(以下无正文)

第三节 创业投资的投资操作流程

通常而言,创业投资的投资操作流程可以划分为以下六个步骤:(1)项目收集,(2)项目初审,(3)项目立项、签署投资备忘录,(4)尽职调查,(5)投资决策,(6)签署协议。

一、项目收集

创业投资的项目主要有三个来源:(1)依托投资银行业务、收购兼并业务等衍生出来的直接投资机会,投资对象多为准二板上市企业、准主板上市企业。它的特点是贴近资本市场,退出渠道畅通,资金回收周期短,回报较为丰厚。(2)与其他创业投资企业结为策略联盟，互通信息，实现信息共享，甚至联合投资；(3)跟踪和研究国内外新技术的发展趋势以及资本市场的新热点，通过网上主动搜索、项目对接会、项目推荐、企业拜访和调研等方式寻找项目信息，做好项目储备。

二、项目初审

项目初审包括两个部分，即书面初审和现场初审。书面初审的主要方式是审阅创业企业的商业计划书（或者融资计划书），这是创业投资企业评判创业企业的最基础的商业文件。

商业计划书是创业企业为了达到招商融资和其他发展目标，在项目调研、分析以及搜集整理有关资料的基础上，根据一定格式和内容的具体要求向创业投资企业全面展示创业企业的目前状况及未来发展潜力的书面材料。它是一份全方位的项目计划，从企业内部人员、制度、管理以及企业的产品、营销、市场等方面对创业企业进行系统性的分析，具有很高的参考价值。

现场初审是到创业企业现场实地走访，调研创业企业实际生产和经营状况，对创业企业获得直观的认识。

项目初审时，一般可以从五个方面对创业企业进行初审判断：

1. 创业企业的行业地位是否符合市场发展趋势，是否符合国家的产业政策，是否符合创业投资企业的投资项目范围要求等。

2. 对创业企业的投资是否具有组合优势，根据“鸡蛋不放在一篮子里”的投资原则，创业投资在选择创业企业时应尽量避免投资同质化，发挥投资组合的优势，有利于分散和控制投资风险。

3. 创业企业所处的发展阶段是否符合创业投资企业的投资策略，投资规模是否合适。

4. 创业企业的地理位置是否符合创业投资企业的投资区域要求。

5. 创业投资是否有明确的、理想的退出渠道。

三、项目立项、签署投资备忘录

项目通过初审,就进入项目立项环节。项目立项后,创业投资企业一般会与创业企业签署投资意向书(也有人称为投资备忘录、投资框架协议、投资条款清单等),对双方的投资意向和一些主要投资条款进行约定。投资意向书中通常还会约定保密条款和排他性条款,也可以签署专门的保密协议和排他性磋商的协议。

四、尽职调查

尽职调查一般是指创业投资企业在与目标企业达成初步合作意向后,经协商一致,创业投资企业对目标企业一切与本次投资有关的事项进行现场调查、资料分析的一系列活动,通常包括商业尽职调查、财务尽职调查和法律尽职调查。在尽职调查期间,有的创业投资企业还会选择对创业企业另外进行财务审计、资产评估和风险评估,为创业投资提供决策参考。

五、投资决策

在尽职调查的基础上,创业投资企业会与创业企业的股东做进一步的沟通和谈判,制订详细的投资方案,并提交创业投资企业最终决策机构讨论,作出是否投资的决策。

六、签署协议

最后一个步骤就是创业投资企业和创业企业的相关各方签署《投资协议》,该协议除包括投资基准日、作价基础和估值、投资金额、持股比例、付款安排、股权登记等内容外,一般还需要对董事席位、小股东特殊权利保护、业绩保证、管理层竞业限制、个人担保抵押、股份回购等内容作出约定,本书将在下一节专门讨论《投资协议》的一些常见的核心条款。

【参考范本】《保密协议》

保密协议

本协议于××××年×月×日由下列双方在××签订:

甲　　方(创业企业):__________

乙　　方(创业投资企业):__________

鉴于:

1)甲方拟进行增资扩股,并引入风险投资机构和战略投资者;

2)乙方有意向作为风险投资机构参与甲方的增资扩股。

双方本着友好协作、积极推进的原则,就乙方参与甲方增资扩股过程中的保密事宜协议如下:

1.保密内容

协议双方对乙方参与甲方增资扩股过程中所获得的对方的信息负有保密的义务和责任,保密信息的内容:

a)甲方向乙方提供的全部甲方专属的和保密的信息和数据,及乙方向甲方提供的全部乙方专属的和保密的信息和数据,该等信息和数据在以书面(含电子邮件和传真)、录音、录像等方式提供时明确标注为“保密”,在以口头方式提供时须在提供后的三日内由提供方出具书面文件明确保密信息的范围;

b)全部谈判及谈判内容;

c)全部协议及协议内容。

2. 保密义务

对于本协议双方的任何一方提供的保密信息,另一方同意:

a)在使用该保密信息的过程中予以保密,且不得向除其代表之外的任何第三方披露;

b)除非获得对方的事先同意,该等保密信息只能用于与本次乙方参与甲方增资扩股过程中所必需的审计、评估、谈判、签约、执行和/或履行与财务顾问有关的事宜、协议,或向政府有关部门备案之目的;

c)在对方要求时,将该等保密信息(包括所有的复印件)还给对方。

甲方应及时、充分向乙方提供有关甲方本次增资扩股行为的文件、资料和信息,并保证所提供的文件、资料和信息的真实、准确和完整。

3. 保密例外

若出现以下情况之任何一种情况,本协议第 2 条所定之义务不应适用:

a)本协议的任何一方或其代表在收到另一方或其代表披露的保密信息之时或之前已知悉该信息;

b)在没有违约的情况下,已对或正对公众开放的信息;

c)乙方或其代表独立开发的信息;

d)根据适用的法律规定,法律程序或具有管辖权的任何合法的政府、监管机构的要求而披露信息;

e)因财务顾问事宜的需要,向相关中介机构披露,但该等相关中介机构应对本协议项下的所有保密条款负有连带责任;

f)乙方为项目投资的目的开展项目论证工作而向行业专家、权威机构及其他相关人员、机构披露信息;

g)协议双方事先达成书面认可。

4. 泄密责任与赔偿

本协议任何一方违反本协议的任何条款视为违约,违约方有义务赔偿守约方因违约方的违约而遭受的损失。违约方应立即停止任何违反本协议之行为,并采取一切手段消除由此引起的任何不利影响。否则,另一方有权采取一切合理的手段消除此种影响(包括公开申明,公开谴责),由此引起的一切费用均由违约方承担。

5. 完整协议

本协议是协议双方关于上述保密内容完整的理解和协议。它代替所有以前达成的与标的有关的口头意见、协议或理解。

6. 协议的修改、变更

本协议经甲、乙双方同意后可以进行修改、变更。

7. 协议的生效和终止

a)本协议自甲、乙双方签字盖章后生效。本协议正本一式两份,甲、乙双方各执一份,具同等法律效力。

b)本协议存续期间,只有经双方签署一份文件后才能提前终止。

c)除非协议双方提前终止本协议,本协议在工商管理机关正式核准乙方成为甲方股东时，或自本协议生效一年后终止。但乙方应在本协议终止后继续承担不使用或不披露本协议保密信息等义务。

8. 仲裁

本协议双方因本协议所产生的或与本协议有关的所有争议，应通过友好协商的方式解决。协商不成，本协议双方的任何一方均可将争议提交××仲裁委员会仲裁，裁决是终局的，双方都应按裁决执行。仲裁程序中使用的语言应为中文。

9. 管辖法

本协议受中华人民共和国的法律管辖。

(以下无正文)

第四节 创业投资协议的主要内容

创业投资企业与创业企业及其股东签署的《投资协议》是创业投资业务中的核心法律文件，是确定各方权利义务的基础。基于创业投资的独有特点，创业投资的《投资协议》通常会包含以下几类核心条款。实践中，有很多创业投资企业选择与创业企业签订专项的《对赌协议》，对这几类核心条款内容单独作出约定(附参考范本)。

一、优先分红权条款

优先分红权是指在创业企业宣告分派红利或者分配利润时，创业投资企业享有的优先于其他股东获取红利和分配利润的权利。

按照我国《公司法》的规定，公司股东原则上应当按照实缴的出资比例分取红利。但是，法律同时也允许公司全体股东约定不按照出资比例分取红利，优先分红权由此而生[①]。在创业投资中，通常情况下，创业企业基本上会把利润全部进行再投资和扩大生产，基本上不会进行现金分红。但是，优先分红权条款依然经常出现在《投资协议》中，究其原因有两点，一是优先分红权条款让创业投资企业可以优先于创业企业创始人及其团队获取早期分红，可以在一定程度上适当降低创业投资的投资风险，二是优先分红权条款有利于防止创业企业原股东不合理的套现行为，因此，优先分红权条款一直受到创业投资企业的欢迎。

二、优先认购权

优先认购权是指目标公司增加注册资本时，老股东可以按照其原先持有股权的一定比例优先于他人进行认购的权利。优先认购权的主要目的，就是保障现有股东的持股比例和权益不会因目标公司增加注册资本而被摊薄。

如果创业企业是有限责任公司，基于有限责任公司具有人合性质的特点，老股东的优先认购权具有明确的法律根据[②]；但对于股份公司发行新股时，现有股东是否享有优先认购权的问题，我国《公司法》对此没有相关规定。这种情况下，创业投资企业可以通过股东大会形成有利于自己的表决结果，尽量避免法律风险。

---

① 《公司法》第 34 条、第 166 条第 4 款。

② 《公司法》第 34 条。

三、优先购买权条款

优先购买权是指有限责任公司股东转让股权时，在同等条件下，其他股东有优先购买的权利①。

优先购买权也是基于有限责任公司具有人合性质的特点而衍生出来的一项股东权利，旨在保护其他股东的权益和保障公司的稳定，而股份公司具有纯资合性质，股东持有的股份可以依法转让，其他股东依法不享有优先购买权②。

四、估值调整条款

估值调整条款，又被称为对赌条款，是由创业投资企业和创业企业及其现有股东（包括管理层）在达成投资协议时，为解决交易双方对创业企业未来发展的不确定性、信息不对称以及代理成本而设计的包含了股权（或者金钱）奖励或者补偿等对未来创业企业的估值进行调整的协议条款。

从对赌内容看，一般以创业企业在未来一段时间内应当达到的业绩指标为调整依据：如果创业企业的经营业绩达到投资协议约定的业绩指标，创业投资企业应当根据创业企业管理层超额完成情况给予一定数量的股份奖励；相反，如果创业企业无法完成合同规定的业绩指标，创业企业原有股东（包括管理层股东）则必须共同向创业投资企业无偿转让一定数量的股份，作为协商投资时对创业企业存在不合理估值的经济补偿。

---

① 《公司法》第 71 条和第 72 条。

② 《公司法》第 137 条。

从订立主体来看，对于创业投资企业（作为投资方）与创业企业的股东或者实际控制人订立的"对赌协议"或者"对赌条款"，法院通常会认定有效并支持实际履行；但投资方与创业企业（作为目标公司）订立的"对赌协议"是否有效以及能否实际履行，实践中存在很大争议。在最高人民法院 2019 年 11 月印发《全国法院民商事审判工作会议纪要》（简称《九民会议纪要》）之前，从保护"公司利益和公司债权人利益角度出发"，依照《公司法》中"股东不得抽逃出资"和公司利润分配等强制性规定，法院一般认定这种"对赌协议"无效[①]。在《九民会议纪要》中，最高人民法院阐明新的审判指导意见，只要"对赌协议"不存在其他法定无效事由，"对赌协议"原则上不应认定无效。但是，是否支持投资方提出的实际履行请求，法院应当审查"对赌协议"是否符合《公司法》相关的强制性规定，具体分为两种情况：

（一）如果投资方请求目标公司回购股权，法院应当依据《公司法》第 35 条关于"股东不得抽逃出资"或者第 142 条关于股份回购的强制性规定进行审查；如果目标公司未完成减资程序，法院对投资方提出的实际履行的诉讼请求不予支持。

（二）如果投资方请求目标公司承担金钱补偿义务，法院应当依据《公司法》第 35 条关于"股东不得抽逃出资"和第 166 条关于利润分配的强制性规定进行审查。经审查，目标公司没有利润或者虽有利润但不足以补偿投资方的，法院也应当驳回或者部分支持其诉讼请求；今后目标公司有利润时，投资方还可以依据该事

---

① 最高人民法院（2012）民提字第 11 号民事判决书。

实另行提起诉讼①。

五、反稀释条款

创业企业在成长过程中,往往需要多次引进投资方进行融资,如果出现新的增资中股权价格低于在先增资的股权价格的情况,在先投资方就会启动反稀释条款,用来保护在先投资方利益。

反稀释条款也称反摊薄条款,指创业企业在新的增资中股权价格低于在先增资的股权价格,在先投资方要求创业企业原股东(通常是创始股东)按照约定给予一定数量的股权补偿,避免自己的投资股权贬值或者被不恰当地稀释。最典型的反稀释条款是"棘轮条款",指在先投资方有权按照新的较低股权价格重新确定其在创业企业中的股权比例,差额部分由创业企业原股东补足。

反稀释条款在本质上与估值调整条款是一致的,而且,差额部分股权由创业企业原股东承担,属于股东间的股权转让,并不存在任何的法律障碍②。

六、共同出售权条款

共同出售权也称"强制随售权""领售权"等,指如果创业企业在一个约定的期限内未能达到期望目的(如实现上市),那么创业投资企业有权强制性要求创业企业的创始股东和管理层股东与自己一起向第三方转让股份。显而易见,该权利是为了保护创业投资方利益而设,是一种比较激进的创业投资退出方式,创业

---

① 《九民会议纪要》第5条。

② 《公司法》第71条第1款、第137条。

企业需要充分注意该条款潜在的道德风险，避免损害创业企业及其他股东的利益。

七、回赎权条款

回赎权，也称回购权，同样是专门针对创业投资的退出而设计，是指在特定条件下，创业投资企业有权要求创业企业及其创始股东按照事先约定的价格或者确定价格的方式回购其所持有的创业投资股权的权利。实践中，很多创业投资企业选择签订专项的《股权回购协议》，对股权回赎问题作出详细约定。

回赎权的生效条件可以有很多，比如在约定的期限内实现企业上市、发生严重的关联交易侵犯了股东利益、发生了同业竞争的问题或者业绩指标不能实现等，这些都会触发回赎权条款。对回购价格的确定问题，实践中通常有两种确定方式：其一，按照创业企业最近一期财务报表中的净资产价格进行回购；其二，按照固定价格（如创业投资本金加固定利息）方式回购。在2015年之前，这种回购定价方式通常被认定为企业间借贷而认定合同约定无效；在2015年6月23日之后，最高人民法院发布了新的司法解释，认为法人之间、其他组织之间以及它们相互之间为生产、经营需要订立的民间借贷合同，除存在《合同法》第52条、最高人民法院《关于审理民间借贷案件适用法律若干问题的规定》（法释〔2015〕18号）第14条规定的情形外，原则上认定合同有效[①]。

① 最高人民法院《关于审理民间借贷案件适用法律若干问题的规定》（法释〔2015〕18号）第11条。

创业投资股权的回购主体包括被投资的创业企业或者创业企业原始股东,在法律关系上与估值调整基本一致,可以参照前述的估值调整条款部分内容。

八、优先清偿权条款

优先清偿权是指创业企业进行清算时,创业投资企业有权在其他股东之前、按照事先约定的价格获得创业企业清算价值的全部或一部分,最大限度减少投资方的投资损失。

依照我国《公司法》的相关规定,清偿公司债务后的剩余财产,有限责任公司按照股东的出资比例分配,股份有限公司按照股东持有的股份比例分配①,并没有关于优先清偿权的规定。因此,优先清偿权条款只是创业企业股东之间(创业投资企业与其他股东)的合同约定事项,应当依照我国《合同法》的原则处理。

【参考范本】《对赌协议》

对赌协议

鉴于:

1. ×××股份有限公司(简称"目标公司"或者"公司")为依据中国法律正式设立并有效存续的主体,注册资本为______万元。

2. ×××有限公司(协议中的甲方)为××控制下的有限责任公司,持有目标公司____万元股份,占注册资本的__%;××(协议中的乙方)为目标公司的实际控制人,并直接持有目标公司____万元股份,占注册资本的____%。(乙方单称"实际控制

---

① 《公司法》第186条第2款。

人”，甲方和乙方合称“原股东”）

3. ××投资管理有限合伙企业（协议中的丙方，简称“投资方”）按照本协议规定的条件和条款对目标公司进行投资。

经友好协商，各方均同意按照本协议接受投资方对目标公司增资，并做出如下对赌约定：

一、优先认购权

目标公司若后续进行新增注册资本、可转债等任何形式的股权融资（合格企业上市时除外），在同等条件下，投资方有权按出资比例享有优先认购和优先增持的权利。

二、反稀释权

除用于公司员工股权激励的部分，目标公司不得以优于投资方已接受的价格和条款增加注册资本或进行其他方式的股权融资，如该等情况发生，则投资方持股比例将以该次投资或其他方式股权融资的价格及条款为准作调整。

目标公司以其他方式获得转增股本时，投资方同比例享有权益。

三、限制出售、优先购买权或优先出售权

1. 在投资方持有公司股份期间，未经投资方事先书面同意，原股东和/或实际控制人不得转让其直接或间接持有的公司股份，但以不优于本轮投资方已接受的价格转让给新三板做市商和进行经投资方同意的累计不超过注册资本的15%的员工股权激励计划除外。另目标公司在新三板挂牌或合格企业上市后，公司的员工股权激励计划不受此条限制。

2. 在投资方持有公司股份期间，原股东和/或实际控制人如转让其所持有的公司股份，则：

(1)投资方享有在同等条件下优先购买权;或

(2)如原股东和/或实际控制人转让其所持有的公司的股份,则在不影响第三条第一款约定权利的前提下,投资方享有在同等条件下优于原股东及实际控制人出售股份的权利,原股东和/或实际控制人应当促使预期买方同意该等优先出售。如果预期买方不同意该等优先出售,则原股东和/或实际控制人不得单独向预期买方转让拟出售股份,除非投资方事先书面同意。

3. 原股东和/或实际控制人如未能履行上述约定,则应按第四条的约定计算的投资方所得收益受让投资方所持股份。

四、并购

本次投资工商变更后,如原股东和/或实际控制人拟出售公司股份,经投资方书面同意,各方应促成股东大会通过此次出售之各项决议。此时,投资方有权优先将其持有的全部或部分股份转让给潜在收购方。出售股份所得收益的分配,按以下方式中对投资方收益孰高的原则执行:

(1)投资方先按投资本金的150%收回投资本金及收益,剩余部分再由各出售股份的股东按各自持股比例进行分配;

(2)投资方按25%年化收益率(单利)收回投资本金及利息。

若并购时潜在收购方采用现金加股权的方式进行,则投资方有权优先选择以现金方式退出。

五、股份赎回

1. 如果本次投资工商变更后,公司发生下列情形之一,则投资方有权要求公司或原股东或实际控制人购买其股份,并按下述受让价格和支付时间执行:

(1)公司或原股东或实际控制人违反本补充协议陈述保证事

项或出现欺诈等重大诚信问题(如向投资方提供的财务资料等相关信息存在虚假或重大遗漏情形,或公司出现投资方不知情的账外销售等);

(2)公司或原股东或实际控制人或管理层重要成员遭受刑事立案侦查或影响公司资产证券化的行政处罚;

(3)公司实际控制人发生变更;

(4)公司出现年度亏损;

(5)任一年度经投资方认可的审计机构对公司未出具标准无保留意见审计报告。

2. 受让价格按以下三者孰高者确定:

(1)受让价格按投资方的投资本金加上按每年10%年化收益率(单利)所计算的利息之和确定,具体公式如下:

$$P = M \times (1 + 10\% \times T)$$

其中:P为投资方出让其所持全部公司股份对应的价格,M为投资方对公司的实际投资款项,T为自投资方实际投资金额到账日至投资方执行股份回购之日的自然天数除以365。

但若发生第5.1条第1款中第(2)项情形,则受让价格按投资方的投资款项加上按每年20%复合年化收益率所计算的利息之和确定,具体公式如下:

$$P = M \times (1 + 20\%)^T$$

其中:P为投资方出让其所持全部公司股份对应的价格,M为投资方对公司的实际投资款项,T为自投资方实际投资金额到账日至投资方执行股份回购之日的自然天数除以365。

(2)受让时投资方股份对应的经由投资方认可的具有证券从业资格的审计机构所审计的公司净资产。

(3)投资款项加上投资方持股期间按持股比例享有的公司股东权益增加额,包括但不限于盈余公积、未分配利润、资本公积和其他情形引起的股东权益的增加。

3. 目标公司或原股东或实际控制人在收到投资方要求其回购股份的书面通知之日起3个月内,以现金方式支付全部股份回购款。公司、原股东及实际控制人对此承担连带责任。若到期未能完成并支付相应款项的,则每逾期1天,应向投资方支付应付而未付款项的0.1%作为逾期付款违约金(计算至上述款项被实际收回日)。违约超过30天的,投资者都有权利选择执行清算权中的相应条款,原股东和实际控制人应当无条件配合。

六、业绩保障条款

本次投资完成后,各方共同为目标公司设定了2016年度、2017年度及2018年度的业绩经营目标:2016年营业收入不少于2亿元人民币;2017年营业收入不少于3亿元人民币;2018年营业收入不少于4亿元人民币。公司有义务尽力实现和完成最佳的经营业绩,管理层股东有义务尽职管理公司,确保目标公司实现其经营目标。如果经营目标未能实现,投资方可选择:

(1)各方股东所占股份比例保持不变,但原股东须在审计结束后2个月内根据:(年度业绩指标－实际营业收入)×10%的公式给予投资方现金补偿。

(2)原股东无偿转让____%股份与投资方。

七、优先分红权

投资方所持股份每股每年可收取初始发行价格的5%分红,分配完成后,投资方与其他股东再对剩余的待分配利润进行统一分配。

八、回赎权

各方同意投资方于三年后退出公司,若投资方未能成功退出公司,则实际控制人需按照不少于投资方本次投资额的1.3倍的金额现金回购投资方所持有的公司股份。

(以下无正文)

第三章　法律尽职调查概论

第一节　法律尽职调查的含义

创业投资,包括其他任何性质的商业经营活动,“知己知彼”是创业投资企业做出投资决策的前提条件,而尽职调查就是达到知己知彼的必要手段和重要途径。

尽职调查,顾名思义,就是对目标企业进行全面、细致地信息获取和核查,通常适用于投资并购、债券发行、企业上市(包括新三板上市)等重大事项,完全不同于普通交易中的当事人背景调查或者资信调查。

投资并购中的尽职调查与企业上市的尽职调查尽管非常类似,但还是存在重大区别,前者的工作成果提供给投资方(或者收购方),是投资方决定是否投资或者实施并购的重要决策依据,很大程度上影响着该项投资并购是否物有所值、能否实现预期目标,所以更强调准确反映投资并购目标企业的真实价值;后者的工作成果是提供给企业上市审批或者监管部门,是主管部门履行监管职责的一部分,所以更强调目标企业的经营是否依法合规。

如前章所述,创业投资尽职调查通常包括商业尽职调查(也被称为“业务尽职调查”)、财务尽职调查和法律尽职调查,其中,商业尽职调查的目标是确定目标企业的商业价值、发展潜力及其他无形价值,财务尽职调查是核实目标企业的财务数据是否真实、资产价值是否准确可靠,法律尽职调查则是从法律角度进行系统调查和信息核实,注重于目标企业及其所属资产是否存在潜在法律风险。

一般而言,法律尽职调查的内容需要涵盖目标企业的主体合法性存续、企业资质、资产和负债、对外担保、重大合同、关联关系、纳税、环保、劳动关系等一系列法律问题。就这方面而言,无论是基于投资并购的目的还是企业上市的目的,法律尽职调查的内容基本是一致的。所以,本章中并不区分两种目的的法律尽职调查,在案例讨论中可以彼此借鉴和参考。

第二节　法律尽职调查的原则

为做好法律尽职调查,依个人观点,律师应当在尽职调查工作中遵循保密性原则、目标性原则、独特性原则、重要性原则和审慎性原则五个基本原则。

一、保密性原则

一般情况下，委托方（通常是并购方或者投资方）在委托律师进行法律尽职调查时，会在律师委托合同中约定律师的保密义务，或者要求律师签署单独格式的保密承诺书。基于委托方与目标公司提前签署的框架协议或者备忘录，目标公司应当配合委托方的法律尽职调查，并直接地或者通过委托方间接地向调查律师披露大量信息资料，其中难免会涉及目标公司的一些非公知的经营信息或者技术信息，一旦对外泄露，势必会对目标公司的经营活动造成重大不利影响。

为了消除目标公司的顾虑，保证法律尽职调查的顺畅进行，律师在进行尽职调查时应时刻遵守保密性原则，对因从事尽职调查而从委托方、目标公司等相关主体取得的资料、文件及相关信息均应信守保密义务，防止信息资料泄露，这也符合律师职业道德规范的相关规定。①

二、目标性原则

法律尽职调查的基础是委托方的商业需求，因此，法律尽职调查应当以满足委托方的商业需求为目标。根据委托方提出的不同商业需求，法律尽职调查的原则和工作思路也会随之有所差异，进而影响尽职调查的范围、内容和工作重点。对一些与委托方的商业需求没有关联性的事项，律师可以不列入尽职调查范围。律师与委托方应进行充分的沟通交流，了解其期望和目标，

---

① 参见《律师职业道德和执业纪律规范》第 39 条。

并据此拟定一份结构合理、切实可行的法律尽职调查方案，实现尽职调查的目的。

三、独特性原则

首先，尽职调查的目标企业可能涉及各行各业，不同行业的企业具有不同的行业特点，例如，纺织、化工和制药企业，环保问题是法律尽职调查的重点内容。其次，即使属于相同行业，恰如俗话说“天底下没有两片相同的树叶”，不同的目标企业也存在很多个体性差异。最后，委托方拟定的商业计划，通常体现了委托方与目标公司及其股东前期的协商意见和商业目的，甚至已经签署了相关的框架协议。这种商业计划千差万别，不同的委托方就会有不同的商业需求和不同的关注点。所有这些因素都决定了每一次法律尽职调查都会与众不同，律师应当结合委托方的商业需求、根据目标企业行业特点和企业实际情况，因地制宜地拟订一份符合目标企业实际情况的法律尽职调查方案和调查清单，充分体现出尽职调查方案和调查清单的“个性化”特征，绝不能为图省事、简单复制一份尽职调查清单“模板”，既达不到令人满意的调查效果，也会损害律师的专业印象。

四、重要性原则

在法律尽职调查中，律师应当特别注意目标企业的重大合同、重大诉讼、重要资产以及其他可能对目标企业有重大影响的事项，并予以重点审核。法律尽职调查普遍会面临时间紧、任务重的尴尬局面，如何在有限的时间内完成法律尽职调查工作，“抓大放小”“先大后小”是一条很实用、高效的工作方法。根据尽职调查内容的重要程度合理分配律师工作量,既有助于提高律师尽职调查的工作效率,也能有效降低律师在尽职调查中的风险,避免律师在重大事项上因尽职调查投入精力不足而承担巨大的赔偿责任。

五、审慎性原则

审慎的调查义务,是律师进行法律尽职调查的应有之义。律师在尽职调查中应秉承客观真实原则,以事实为依据,严格按照相关法律法规的规定进行调查判断,出具相应的法律意见和调查报告,对缺乏充分证据支撑的事实,应当如实进行披露,不可妄加猜测或进行臆断。法律尽职调查完成后,律师要给委托方一份全面、客观、准确地反映目标企业的实际情况的法律尽职调查报告,不能有任何虚假或者误导的成分,更不能凭主观意愿编造调查材料,否则,终将给自己和委托方造成严重的后果。

【实例】

丹东欣泰电气股份有限公司(简称“欣泰电气”)成立于1999年3月,是辽宁欣泰股份有限公司的控股子公司,公司主营业务是电力、风电、石油业务,主要产品是变电站和电力变压器,2014年1月27日申请在深圳创业板上市,2015年7月14日被证监会立案调查。

调查发现,在首次公开发行股票上市前,为解决应收账款余额过大问题,欣泰电气于2011年12月至2013年6月,通过外部借款、使用自有资金或伪造银行单据的方式虚构应收账款的收回,在年末、半年末等会计期末冲减应收款项,虚增经营活动产生的现金流。

兴业证券股份有限公司作为该项目的保荐机构,未核查欣泰电气是否存在销售款项流动异常和财务造假的情况。律师在法律尽职调查中,没有尽到审慎的调查义务,工作底稿中留存的主要客户承诺函、询证函、访谈记录等资料,大多直接来自保荐机构,律师也未进行必要的核查和验证。

2016年7月8日,证监会宣布欣泰电气欺诈上市,启动欣泰电气强制退市程序,并对欣泰电气及其相关人员、保荐机构和律师进行惩戒和处罚。2017年8月28日,欣泰电气从深圳交易所摘牌退市。

第三节 法律尽职调查的作用

从功能上说,法律尽职调查通常具有以下作用:

一、全面了解和认识目标企业

由于信息的不对称,委托方了解和认识目标企业的重要途径就是对目标企业进行尽职调查,而法律尽职调查是其中一个关键环节,有利于揭开目标企业的"神秘面纱",并作为委托方与目标企业及其股东进一步交易谈判的基础,甚至决定着投资(或者并购)交易的成败。

【实例】

目标企业财务账面显示有数百万元的应付款,用途为咨询费,收款方是一家咨询公司。而且,咨询公司的股东结构与目标企业之间不存在共同的股东,看不出双方是否存在关联关系。但是,经进一步调查发现,该咨询公司留存在工商档案中的一位股东的身份证上的家庭地址,与目标企业一位股东的家庭地址是一致的,顺着这条线索,最后调查确认二者是夫妻关系,上述债务存在利用关联交易输送利益的重大嫌疑。

二、发现法律风险和法律问题

法律尽职调查,要求律师灵活运用法律知识和调查方法,对目标企业及其重大资产有关的法律事项进行审慎、适当的调查,评估目标企业及其重大资产是否存在法律风险和潜在缺陷,并对目标企业及其重大资产的合法合规性做出综合评价意见。

【实例】

在鞍山重型矿山机械股份有限公司与浙江九好办公服务集团有限公司(简称"九好集团")重大资产重组项目中,审批部门调查发现:九好集团分别于2015年9月22日、23日在兴业银行股份有限公司杭州分行分两次分别购买1.5亿元半年期定期存款,并且在购买当日就以该定期存款为杭州煊隼贸易有限公司1.5亿元承兑汇票提供担保。该3亿元定期存款系九好集团的主要资产,至2015年12月31日,上述3亿元定期存款仍处于质押状态。

但是,在资产重组的法律尽职调查中,律师对九好集团上述3亿元定期存款既未查验存单原件,也未向开户银行进行书面查询、函证,导致律师未能发现该3亿元定期存款处于质押状态的事实。

最后,本次资产重组因律师在法律尽职调查中存在重大过失受到不良影响,负责尽职调查的项目律师也受到审批部门相应的警戒惩罚。

三、对目标企业是否值得投资提出法律意见

律师在对目标企业进行法律尽职调查时，不仅要学会发现潜在的法律问题，还应当针对调查过程中发现的法律风险和潜在缺陷提出律师意见和建议，帮助委托方或者目标企业采取有效措施化解或规避相关法律风险、解决法律问题。如果目标企业存在的所有法律风险是可控制、可规避的，则给出客户可以投资的肯定性意见，并详细告知有哪些法律风险、如何把控和规避风险；如果目标企业存在无法规避的重大法律风险，律师则应当建议委托方审慎投资，甚至直接建议不投资。

【实例】

目标企业是一家多年从事消费品生产和销售的传统企业，有很高品牌影响力，盈利能力强，资产估价也不高，看起来是一笔很划算的投资。律师尽职调查后发现，目标企业存在产品部分销售不入账、销售收入体外循环的情况，涉嫌偷逃营业税和企业所得税，而且数额巨大，最后，律师建议放弃对目标企业进行股权投资。

四、为确定交易架构和交易价格提供支持

交易架构的设计和交易价格的确定，离不开对目标企业的全面了解和清晰认识，而法律尽职调查就是全面了解目标企业的有效手段。只有充分了解目标企业的实际情况，才能确定交易双方都认可的公允交易价格，才能设计合理的交易结构并得到贯彻执行。换句话说，只有在法律尽职调查的基础上设计出的交易架构和确定的交易价格才是相对理性和安全的投资行为，未经法律尽职调查程序，

委托方做出的任何投资决策,无论其交易是否顺利完成,其决策行为都是带有很大的盲目性和随意性,都是不可取的。

【实例】

2007年,《公司法》还没有修改为股东出资认缴制,在一起拟收购某企业的法律尽职调查中,律师发现该企业的注册资本中有几十万元是企业的控股股东支付的前期建设费用,在财务上直接按照股东出资进行记账,并没有履行验资手续,形式上属于股东出资不到位。双方几次协商后,根据律师的建议,收购方从股权转让款中扣除该部分款项,用于帮助转让方补足对目标企业的出资,同时,转让方股东可以选择以债权方式从目标企业收回上述垫付费用。

第四节　法律尽职调查的程序

法律尽职调查工作一般可分为前期准备、调查实施、报告编写三个阶段。

一、前期准备

俗话说:“工欲善其事,必先利其器”。法律尽职调查同样也需要做好充足的准备,以确保法律尽职调查工作能在确定的时间内高效、有序地开展和完成。法律尽职调查的前期准备工作主要包括以下几个方面:

1. 充分了解尽职调查的背景和目的。投资目的不同、投资方案不同,律师尽职调查的内容和重点也会有所区别。律师在开始尽职调查前,需要先了解委托方的投资目的和拟定的投资方案,并与委托方通过书面协议的形式确定法律尽职调查的目的。

2. 确定尽调基准日和法律尽职调查的对象、调查范围和重点关注内容。

3. 成立尽职调查团队。一个完整的法律尽职调查团队应当由不同层次的律师搭配组成,包括项目组长、主办律师、业务律师和律师助理,其中,项目组长是调查团队的负责人,通常由合伙人律师担任,负责项目工作的统筹协调、与客户沟通、项目工作成果的审核等工作。主办律师由经验相对丰富的高级律师担任,负责项目尽职调查方案的制订和具体实施,编写尽职调查报告。对简单的尽职调查项目,主办律师可以同时兼任项目组长的工作。业务律师和律师助理则在主办律师的指导下开展调查工作,做好资料收集、资料整理、高管访谈等具体工作。

4. 签署保密协议。尽职调查需要签订保密协议,保密协议对需要保密内容以及保密的范围予以界定,同时对违反保密协议的违约责任予以明确,由协议各方签章确认。

5. 收集目标企业的背景信息和行业资料,同时检索相关的法律法规及政策。律师应当根据目标企业所在行业,提前检索相关的法律法规和政策,了解目标企业的行业特点、行业准入、特殊要求、优惠政策等,以便有针对性开展尽职调查工作。

6. 编制尽职调查方案。调查方案应当包括尽职调查的基本原则、工作程序、调查方法、工作团队、工作计划等。同时,还应当协商建立联系与沟通机制,建立起团队内部各成员之间,与财务、商务、技术等其他尽调团队之间,与客户之间,与目标企业之间的联系渠道。

二、实施阶段

1. 草拟尽职调查清单并根据不同调查事项编制相应的调查问卷，调查清单和调查问卷应当充分考虑目标企业的行业特点和委托方的交易目的。

2. 按照确定的尽职调查方案收集法律尽职调查资料。

(1)现场尽调：当面交流，查询账簿，查档、查阅复制企业登记信息，出具声明书、承认函，访谈企业负责人、现场实地考察，走访相关部门等。

(2)非现场尽调：律师根据现场调查的初步信息进行审慎性分析和信息核查，并视情况做进一步现场调查和核实。

3. 编制调查工作底稿。将收集到的资料进行汇总、梳理和分析，编制尽职调查工作底稿。

4. 补充尽职调查。审阅和梳理尽职调查资料，不同专业团队针对共同涉及的问题交换意见，对已经获取的信息进行分析，确定已经核实的事实、待核实的事实、未核实的事实，并根据分析结果进行补充调查。

三、报告编写阶段

1. 根据收集到的资料和信息，起草尽职调查报告。

2. 就尽职调查报告与委托方进行沟通，对委托方提出的问题进行复核，必要时需要进行复核性补充调查。

3. 结合委托方的反馈意见和复核性补充调查获得的资料，修改尽职调查报告，确定最终报告文本。见图 3 - 1 所示。

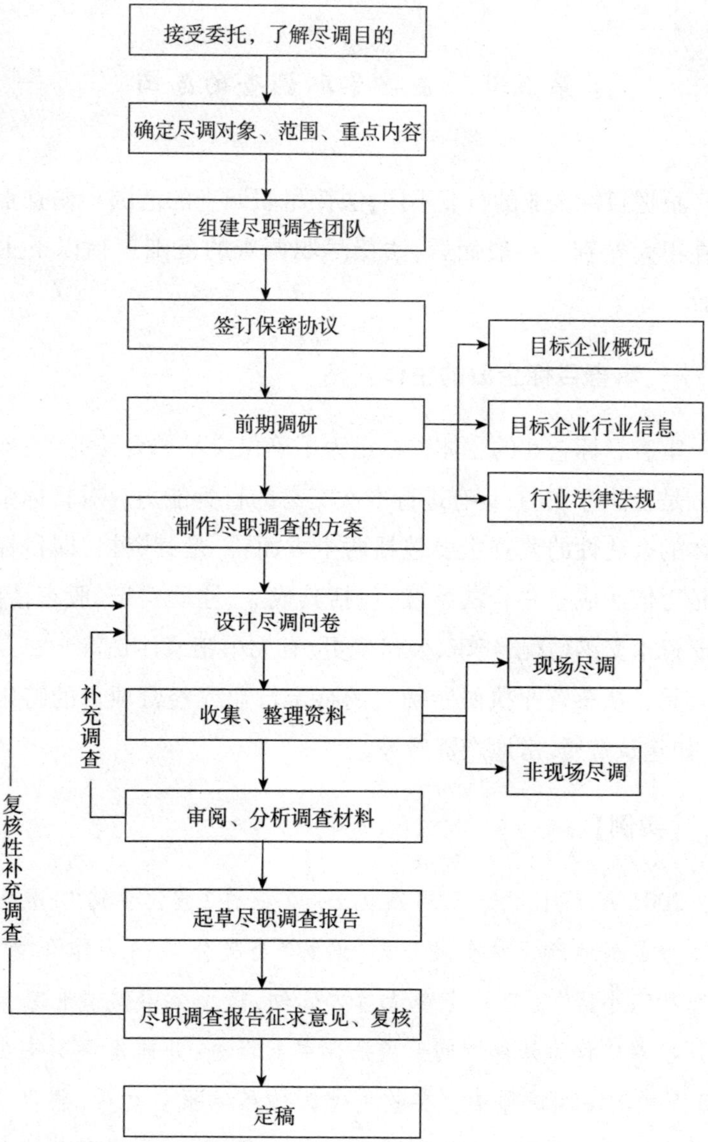

图 3－1　法律尽职调查工作流程

第五节　法律尽职调查的范围

根据目标企业的行业不同,法律尽职调查的范围和调查重点存在很大差别。一般而言,法律尽职调查的范围包括以下主要内容:

一、审查目标企业的主体资格

审查目标企业的主体资格是为了确保交易的合法有效,即交易方是合法存在的,具有进行本次交易的行为能力。对目标企业主体的合法性的调查主要包括两个方面:一是其资格,即目标企业是否依法成立并合法存续,包括其成立、注册登记、股东情况、注册资本交纳情况、年审、公司变更、有无吊销或注销等。二是其是否具备从事营业执照所确立的特定行业或经营项目的特定资质,如建筑资质、房地产资质等。

【实例】

2001 年 7 月,河北三河燕化公司(简称“燕化公司”)准备与北京金晟房地产开发有限公司(简称“金晟公司”)合作开发“紫宸苑住宅小区”项目。为查清对方底细,燕化公司聘请北京市某律师事务所作为法律顾问开展法律尽职调查,并向事务所支付了 100 万元的高额律师费。在收到律师的尽调报告之后,燕化公司最后向金晟公司支付了 1 亿元项目转让费,买下了紫宸苑住宅小区项目。

2002年5月,燕化公司惊讶地发现,另一家公司在"紫宸苑住宅小区"项目的土地上已开始施工建设。燕化公司展开了紧急调查,结果让他们震惊不已:金晟公司根本不是紫宸苑项目的所有人,燕化公司拱手交出的1亿元被人凭空骗走!燕化公司立即报警,虽然警方立案侦查并最后发还燕化公司涉案款2140多万元,但仍有8000万元投资无法追回。

受骗的燕化公司认为,该律师事务所的律师在法律服务工作中,敷衍了事,造成巨额损失,已构成严重违约。不仅如此,燕化公司还调查发现,该律师事务所在2002年3月向北京市司法局主动申请注销。无奈之下,燕化公司一纸诉状将原律师事务所的3名合伙人告上法庭。

法院审理认定,该律师事务所的律师在提供法律服务过程中存在重大过错,履行《委托协议》义务不符合约定,应当对燕化公司的经济损失承担赔偿的违约责任。考虑到燕化公司自身也有失察之责,法院判决3名被告律师共同赔偿燕化公司800万元,并返还100万元律师费。

【点评】

依照相关法律规定,房地产开发企业从事房地产项目开发,首先要取得房地产开发用地的土地使用权;而且,房地产开发企业还要按照资质等级,承担相应的房地产开发项目。但该所律师既没对紫宸苑项目用地的土地使用权状况进行审查,也没对金晟公司是否具有房地产开发资质以及资质等级进行审查,仅仅依据一份市计委批复,就认定了金晟公司是"紫宸苑住宅小区"项目的开发者,实在难以称得上"尽职"二字。

二、审查目标企业的资产及财务情况

首先是核实目标企业的各项财产的权利是否有瑕疵，是否设定了各种担保，权利的行使、转让是否有所限制等。其次是审察目标企业的各项债权的实现是否有保障，是否会变成不良债权等，以确保所投资或者收购的目标企业的财产关系清楚明白，权利无瑕疵，无法律上的障碍。

【实例】

明达意航企业集团有限公司（简称“明达公司”）持有抚顺银行股份有限公司（简称“抚顺银行”）15，000万股份，2012年5月，明达公司委托抚顺银行与大连金信集团有限公司（简称“金信公司”）签订《股权转让协议》，约定明达公司将其持有抚顺银行股份中的8000万股份转让给金信公司。协议签订后，金信公司依约支付了股权转让款。

金信公司并没想到，因借款合同纠纷，2012年年初，债权人李某已向大连中院申请对债务人明达公司采取财产保全措施，同年1月13日，大连中院依法冻结了明达公司持有抚顺银行的全部股权，并向股权登记的工商局下达了民事裁定书和协助执行书。

但是，金信公司在与明达公司签订《股权转让协议》和付款之前，并没有委托律师进行法律尽职调查，也未派人查阅抚顺银行的工商档案，对涉案股权已被冻结的事实并不知情。

此后，李某起诉的借贷合同案件胜诉，并依法向法院申请强制执行明达公司名下的股权。金信公司以其为真正的股权所有人为由，向法院提起执行异议，被驳回后，又提出执行异议之诉。

本案历经大连中院一审、辽宁高院二审、最高院再审，最终以金信公司未尽到最基本的审慎注意义务，即受让已冻结的股权不适用善意取得为由，驳回了金信公司的异议请求。①

【点评】

在民事诉讼中，法院保全查封是一种临时性的强制措施，具有法律的权威性和排他性，未经人民法院许可，或未经解除查封，任何人不得处置。涉案股权已于2012年1月13日被法院依法查封，2012年5月明达公司明知股权被查封，未经法院允许处分其股权，属于无权处分。

金信公司受让股权时未尽到最基本的审慎注意义务，不属于善意取得。法院对涉案股权作出的查封、冻结裁定及协助执行通知并经工商局接收后，即具有了对外公示效力。抚顺银行工商企业档案中就存有法院送达的民事裁定书及协助执行通知书，金信公司完全有能力去查询。但金信公司作为商事主体，在受让案涉股权时却未履行对受让股权是否存在权利负担尽审慎注意义务，未向明达公司或工商局了解案涉股权情况。所以，金信公司在股权交易中并没有尽到最基本的审慎注意义务，不适用善意取得制度，不能取得涉案股权。

三、审查目标企业的债权债务情况

目标企业的主营业务和业务合同是否真实有效，影响着目标

---

① 参见辽宁省大连市中级人民法院(2016)辽02民初626号民事判决书、辽宁省高级人民法院(2017)辽民终1060号民事判决书、最高人民法院(2018)最高法民申1771号民事裁定书。

企业的真实利润水平和债权债务风险,如果存在虚构利润或者负债风险增加,必然会损害投资方或者收购方的权益。还有一些主营业务的合同因权利义务不清楚而发生争议,也会损害投资方或者收购方的股东权益。

【实例】

在广东广州日报传媒股份有限公司收购上海香榭丽传媒股份有限公司(简称"香榭丽公司")项目中,被收购方香榭丽公司业务单一,在2011年至2013年6月,唯一收入来源为户外LED屏体广告收入。2013年6月30日之前,香榭丽公司已经签署并开始或已经实际履行的合同有73份,该类业务产生的应收账款是公司最主要的资产之一。

但是,在法律尽职调查中,律师针对上述业务合同只进行了部分合同原件核查,且在工作底稿中,只保留了10家公司的业务合同或订单复印件,以及2家公司工商登记资料的查询记录,其中有9家公司合同文本是香榭丽公司向律师提供的资料,但律师未对其内容、性质和有效性等做进一步的查验、分析和判断。因律师没有对香榭丽公司的业务合同执行必要的查验程序,导致未能及时发现香榭丽公司通过虚假合同虚增利润的事实。

四、重要交易合同

对于目标企业的存续与发展相当重要的交易合同,是收购方(投资方)律师仔细审查的重要对象,这些合同通常包括长期购买或供应合同、技术许可合同、大额贷款合同、公司担保合同、代理合同、特许使用合同、关联交易合同等。律师对这些合同进行审查,目的是:第一,确定收购完成后,目标企业不会丧失合同中规定的预期利益,这是因为,有些公司之所以能够签订的一些重要的合同,是利用了其大股东的关系。所以,这种合同中往往规定,当目标企业因被收购等原因出现控制权变化时,该合同将需提前履行支付义务,或终止使用权或相关权利。第二,确定这些合同中权利义务是否平衡,目标企业是否处于重大不利的情形中。

【实例】三联商社股份有限公司诉山东三联集团有限责任公司商标许可使用合同纠纷

1985 年,山东三联电子公司成立,1992 年 5 月 23 日变更名称为山东三联电子集团公司,1994 年又变更名称为三联集团公司,2003 年 1 月 24 日,变更为现名山东三联集团有限责任公司(简称"三联集团公司")。

1995 年 3 月 14 日,原山东三联电子集团公司经国家商标局核准注册第 779479 号"三联"商标,核定服务项目为第 35 类:办公室机器和设备的租赁,商业管理和组织咨询,打字。贸易业务的专业咨询,商品展示,进出口代理,组织商业或广告展览,计算机输入管理,广告,文件复制,文字处理,市场研究,商业信息。2000 年 1 月 7 日,该商标注册人变更为三联集团公司。该商标已经续展有效期至 2015 年 3 月 13 日。

1989 年 9 月,郑州百货文化用品股份有限公司组建。1992 年 6 月增资扩股后更名为郑百文,公司股票于 1996 年 4 月 18 日在上交所挂牌交易,1999 年 4 月 27 日公司股票被实行特别处理。

2001 年 1 月 20 日,郑百文发布《郑州百文股份有限公司(集团)资产、债务重组公告》。2001 年 2 月 23 日,郑百文发布《郑州百文股份有限公司(集团)2001年第一次临时股东大会决议公告》。2003年7月10日,郑百文董事会发布《郑州百文股份有限公司(集团)股票恢复上市公告书》,该上市公告书中记载:2001年2月22日,公司召开了2001年第一次临时股东大会,审议通过了公司资产、债务重组方案及相关议案。其中关于资产置换的记载是:根据公司(公告中对郑百文的简称)和三联(公告中对三联集团公司的简称)于2001年1月18日签订的《资产置换协议》,双方于2001年11月30日进行了资产置换。三联置入公司三联大厦地上1到5层及地下1至3层房产,评估价值为20,155.02万元,三联所属的济南家电商场、电脑分公司、临朐分公司、潍坊家电商场、滕州家电公司、日照商业公司的价值为7716.91万元的经营性资产(包括货币资金、库存商品、车辆等),公司对百文集团的其他应收款25,154.62万元归三联所有。三联承诺注入公司的4亿元资产与已经注入的27,873.63万元资产的差额12,126.37万元分两笔现金划入公司账户,该两笔资金的付款时间和金额分别是:2002年12月24日划入公司账户2679.23万元;2003年1月28日划入公司账户1亿元。三联置入公司的资产总额为40,552.86万元,与公司置出资产25,154.62万元之间的差额15,398.24万元记为公司对三联的负债。公司与三联进行资产置换的实施已实质性完成。该上市公告书还记载:目前,三联共持有公司股份9837.77万股,占公司总股本的49.79%。

郑百文自2001年3月27日起暂停公司股票上市。经过重组以及重组后的相关资产、业务整合,郑百文承接了三联集团公司从事家电零售经营的全部业务和相关资产。

2003年1月20日,三联集团公司向中国证监会和上交所作出《关联交易和同业竞争情况的说明与承诺》,承诺许可郑百文在家电零售领域无偿使用由三联集团公司注册的第779479号“三联”商标,并承诺不再以任何方式从事家电零售业务。

2003年1月27日,三联集团公司(许可人)与郑百文(被许可人)签订《商标许可使用合同》,合同主要约定以下内容:

鉴于:(1)许可人是“三联”服务商标(指第779479号“三联”服务商标)的商标权人;(2)许可人是被许可人的第一大股东,积极支持被许可人的发展。

合同第一条至第四条明确了商标使用许可的范围、期限和许可方式,即三联集团公司许可郑百文在家电零售领域无偿使用第779479号“三联”服务商标;商标无偿使用许可期限为合同生效之日起至商标有效注册期满止(包括续展期限);三联集团公司承诺不再以任何直接或间接形式在家电零售领域使用或许可他人使用“三联”商标。

合同第6条明确了商标的续展和转让,即三联集团公司应在“三联”服务商标有效期届满时负责进行续展,并承担续展的费用。如果三联集团公司拟放弃“三联”服务商标的所有权,应事先通知郑百文,并在郑百文同意的情况下,无偿将“三联”服务商标转让给郑百文。

2003年7月18日,郑百文股票在上交所恢复挂牌交易。2003年8月22日,郑百文名称变更为现名三联商社股份有限公司。2003年8月27日,郑百文股票名称变更为三联商社。2005年1月,三联商社公司注册地由河南郑州变更为山东济南。

2008年2月14日,三联集团持有三联商社的2700万股限售流通股的股权经济南市中级人民法院执行程序拍卖,被山东龙脊岛建设有限公司竞拍取得，成为三联商社的第一大股东。国美电器有限公司间接控股山东龙脊岛建设有限公司，为其实际控股股东。

2008年6月25日，三联集团向国家商标局申请将涉案“三联”商标转让给山东三联家电有限公司。2008年7月3日，淄博市中级人民法院将三联集团包括涉案“三联”商标在内的24件商标查封，其中含有“三联”或“SANLIAN”标识内容的共17件。2008年12月18日，国家商标局下发商标转让不予核准通知书。

三联集团自2004年开始逐年减持其持有的三联商社股份，2007年12月31日，三联集团持有三联商社股份5316.86万股，占总股本的21.05%。至2008年2月14日，三联集团持有的三联商社2700万限售股被济南市中级人民法院执行程序拍卖前，三联集团仍为三联商社的第一大股东。

一审法院认为：2003年1月27日三联集团公司与郑百文签订的《商标许可使用合同》，系双方真实意思表示，合法有效。结合本案双方当事人的诉辩主张，准确解释该商标许可使用合同是解决本案纠纷的关键。(1)合同开头“鉴于”条款1明确界定了该合同标的，即第779479号“三联”商标的使用权。(2)合同开头“鉴于”条款2明确了合同签订的背景和目的，即三联集团公司是郑百文的第一大股东、积极支持郑百文的发展。(3)合同第一条至第四条明确了商标使用许可的范围、期限和许可方式，即三联集团公司许可郑百文在家电零售领域无偿使用涉案“三联”商标，使用许可期限为合同生效之日起至商标有效注册期满止(包括续展的期限)，三联集团公司不再以任何直接或者间接形式在家电零售领域使用或许可他人使用涉案“三联”商标。(4)合同第六条明确了商标的续展和转让，即三联集团公司负责对商标进行续展并承担费用，如果三联集团公司拟放弃涉案“三联”商标的所有权，应事先通知郑百文，并在郑百文同意的情况下，无偿将“三联”商标转让给郑百文。依照《中华人民共和国合同法》第一百二十五条第一款的规定，当事人对合同条款的理解有争议的，应当按照合同所使用的词句、合同的有关条款、合同的目的、交易习惯以及诚实信用原则，确定该条款的真实意思。首先，根据2003年7月10日《郑百文恢复上市公告书》的记载，郑百文承接了三联集团公司从事家电零售经营的全部业务和相关资产，但涉案“三联”商标专用权及使用许可权并未成为三联集团公司重组郑百文的对价内容，郑百文获得涉案“三联”商标的使用权是基于三联集团公司对其的控股关系。其次，根据2003年1月20日三联集团公司向中国证监会和上交所做出的《关联交易和同业竞争情况的说明与承诺》的记载，三联集团公司许可郑百文在家电零售领域无偿使用“三联”商标和放弃家电零售业务，与涉案合同的约定前后一致。最后，涉案合同有关商标转让的约定，应与合同整体内容、合同签订背景和目的相结合，贯彻公平合理、诚实信用原则进行解释。涉案“三联”商标由三联集团申请并使用近二十年，成为企业的一项重要知识产权，也是其重要的财产权利。郑百文无偿获得“三联”商标的使用权是基于三联集团对其控股和支持其发展的目的。同理，“三联”商标无偿转让给三联商社也应基于三联集团对其控股。当三联集团持有的三联商社的股权被法院强制拍卖并丧失第一大股东地位后，涉案合同中“鉴于”条款2的前提和基础已不存在，合同目的无法实现。因此，三联集团将其“三联”商标转让给第三人并无不当。三联商社要求三联集团停止将“三联”商标转让给第三人并将其转让给三联商社的诉讼请求,缺乏事实和法律依据。因此,一审法院判决驳回三联商社的诉讼请求。

三联商社不服一审判决,向二审法院提起上诉,请求依法改判三联集团立即停止将涉案“三联”商标转让给任何第三方的行为,判令三联集团将涉案“三联”商标无偿转让给三联商社。

二审法院认为,本案双方当事人争议的焦点问题:三联集团是否应当将涉案“三联”商标无偿转让给三联商社。而解决这一问题的关键在于如何理解涉案《商标许可使用合同》中的“鉴于”条款,即“三联集团是郑百文的第一大股东”能否视为涉案合同的附条件。本案经本院审判委员会讨论认定,应将“三联集团是郑百文的第一大股东”视为涉案合同的附条件。现三联集团持有的三联商社的股权被拍卖并丧失三联商社第一大股东地位,三联集团将其涉案“三联”商标转让给案外人并无不当,将“三联集团是郑百文的第一大股东”视为涉案合同的附条件,更符合合同字面含义以及合同目的、背景,处理结果更符合诚实信用、公平原则。最后,二审法院判决驳回上诉,维持原判。

【点评】

本案中,郑百文(三联商社曾用名称)在2001年重组时,只承接了三联集团公司从事家电零售经营的全部业务和相关资产,并没有要求三联集团公司同时转让与上述经营资产具有密切关系的“三联”商标,将企业的经营性资产和相关的商标权人为地割裂,为本案的商标权纠纷埋下争议隐患。

2003年1月,郑百文与三联集团公司签署《商标使用许可合同》时,以使用许可的方式获得该商标的使用权,却在合同的“鉴于”条款中写入“三联集团是郑百文的第一大股东”的内容，实在是画蛇添足之举，并因此导致各方对合同本身的效力问题产生争议。最后，法院认定该“鉴于”条款为《商标使用许可合同》的附条件，没有支持郑百文对“三联”商标提出的商标权请求。虽然作者对山东省两级法院对该案的审判结果有不同意见，但该案中对《商标使用许可合同》效力问题的审判观点，还是应当引起所有从事法律尽职调查人员的高度注意和警惕，可以作为审查相关知识产权使用许可合同的重要参考。

五、商标权、专利权、著作权、特许经营权等无形资产状况

知识产权等无形资产具有重要的价值，律师应审查知识产权的权属情况、授权许可、有效期限等基本情况，还应当审查目标企业是否对外许可他人使用、有无分许可、是否存在有关侵权诉讼等。

六、审查目标企业的管理人员与普通员工的安排

目标企业的雇佣人员的数额，目标企业是否对重要人员进行了相应的激励措施，是否存在对此次并购造成障碍的劳动合同，这些都需要在尽职调查时充分注意到，并提出可行的解决方案或规避措施。对于目标企业的普通职工，一般只审查公司的劳务合同范本，但是对于董事等高级管理人员，则需逐一审查其服务协议的主要内容。

七、对目标企业治理结构、规章制度的调查

对目标企业治理结构、规章制度的调查主要是审查目标企业的章程、股东会决议、董事会议事规则、董事会决议、公司规章制

度等文件。对这些文件的审查，主要是审查公司股东会、董事会的权力，公司重大事项的表决、通过程序等相关信息以确定本次投资或收购是否存在程序上的障碍，是否获得了合法的授权等，以确保本次交易的合法、有效，避免可能争议的发生。

【实例】小股东的一票否决权问题

依照我国《公司法》的相关规定，有限责任公司的股东会按照股东出资比例行使表决权，重大事项必须经代表三分之二以上表决权的通过。但是，《公司法》同时规定，有限责任公司有权通过公司章程对股东会的表决方式作出特殊约定，以保护有限责任公司小股东的合法利益。例如，公司章程可以规定，修改公司章程或者改选公司董事会，应当由全体股东一致表决同意。这种条款，固然能保证股东会在表决相关事项时要认真听取中小股东的意见，但也容易走向另一个极端，赋予中小股东对表决事项的重大决策权，甚至是一票否决权。遇到这种情况，投资方就需要格外慎重，如果有一方小股东对目标企业引进投资方持反对态度，就会使将来的章程修改和董事会选举陷入僵局，无法实现股权投资的目的。

还有一种情形，为了防止目标企业控股股东或实际控制人滥用目标企业的控制权，有的投资者会明确要求目标企业控制股东赋予自己在目标企业重大事务上的一票否决权。但是，投资者在行使这种权利时，特别是想利用一票否决权限制目标企业股东的退出，还是应当本着诚实信用原则积极行使权利，并且赋予控股股东适当的救济途径，否则，这种约定的权利也可能得不到法院的支持[①]。

八、对目标企业是否存在重大诉讼、执行或仲裁以及行政处罚的调查

目标企业是否存在重大诉讼、执行案件或仲裁案件，直接关系到目标企业可能承担的责任和损失、关系到目标企业的价值评估，这是任何的投资方和普通的律师都会重点调查的事项，出现遗漏的可能性也比较小，律师的审查将注重于这些诉讼或仲裁胜诉的可能性，以及由此可能产生的法律费用和赔偿责任等开支。

九、对税务和环保等问题的调查

目前，我国的民营企业，普遍存在纳税意识不强，甚至尽一切手段规避纳税义务，因此，律师在进行法律尽职调查时，必须重视目标企业的税务问题，最好与财务调查工作相结合，调查目标企业的财务制度是否规范、在此基础上核实目标企业是否存在偷税漏税现象。

随着国家对环保问题的日益重视，企业因违反国家环保规定而遭受环保部门罚款、限期整改、甚至停产等方面惩罚的风险越来越大、企业因此付出的经济成本也越来越高，如果目标企业属于造纸、印染、化工等行业，法律尽职调查中要格外重视环保问题。

需要再次说明的是，以上内容只是法律尽职调查通常应当涵

① 参见原告蒋某文诉被告上海老友计网络科技有限公司、被告胡某及第三人奇虎三六零软件（北京）有限公司因请求变更公司登记纠纷一案，上海市杨浦区人民法院（2013）杨民二（商）初字第996号、上海市第二中级人民法院（2014）沪二中民四（商）终字第330号民事判决书。

盖的主要内容,并非所有的法律尽职调查都要审查的必要内容,根据具体交易的目的和目标企业的具体情况,尽职调查的内容和重点均有所不同,律师应根据交易的具体情况,设计出不同的调查项目和调查程序。

第六节 法律尽职调查应注意的问题

概括地说,法律尽职调查,就是凭借律师的专业知识和职业素养,对目标企业提供资料的真实性、准确性和完整性进行全面审核,并有针对性地主动收集与交易目的有关的关键问题和信息,分析和发现目标企业存在的各种不足和潜在缺陷,对可能存在的法律风险提出整改建议或者分析意见,供委托方或者相关部门作出正确的判断和决策。

很显然,法律尽职调查是一项实务性很强的工作,既需要律师具备扎实的法律知识,更需要律师秉承正确的工作方法和审慎的工作态度,还需要律师具备良好的沟通能力和敏锐的发现问题能力等。在法律尽职调查过程中,应当特别注意以下几个问题:

一、主办律师应当由经验丰富的高级律师领衔担任,并保证能有足够的时间在现场指导尽职调查工作。法律尽职调查工作并非一蹴而就的事,事先制定的尽职调查清单也不能包罗需要调查的所有事项,而是应当根据调查中发现的问题进行不断调整、不断补充调查内容和资料。从某种意义上说,补充调查的内容往往是目标企业所独有的、与其他企业存在差异的问题,更能精确反映目标企业的实际经营情况和资产价值。而补充调查的内容,基本上都是律师在审核现场调查的资料过程中、通过资料中的蛛丝马迹发现需要调查的新问题而衍生出来的，是律师的专业知识和执业经验的综合体现。这就像指挥员指挥一场战斗，如果指挥员不在现场，很难掌控瞬息变换的战场形势、及时做出应对措施。

二、法律尽职调查工作需要律师团队付出很多辛苦劳动，事项繁多，工作量大，因此法律尽职调查应当有充分的时间保证。简单项目的法律尽职调查一般都需要两周时间左右，复杂项目所需时间就更长。实践中，很多委托方都有轻视思想、将法律尽职调查工作简单化，认为法律尽职调查就是例行公事、走过场、无关紧要的工作，给尽调律师的服务报酬也很低。这种情况下，律师应当与委托方充分沟通，让其认识到法律尽职调查对委托方决策的重要意义，而且尽调工作责任重大，帮助委托方纠正错误想法。对委托方而言，委托方无论以多么低的律师费成本获得一份不可信的法律尽职调查报告，都是一项赔本的买卖，因为，任何未经审慎法律调查、草率作出的法律尽职调查报告，都是没有价值的，有时甚至就是饮鸩止渴，不仅达不到法律尽职调查的基本目标，甚至会误导委托方并造成投资行为的巨大经济损失。

三、律师应当合理地确定法律尽职调查的范围，切忌贪多求全。法律尽职调查的范围，从另一个角度说，就是律师的责任范围。所以，在与委托方沟通的过程中，律师应当把握法律尽职调查的性质，合理地确定法律尽职调查的范围，并严格遵守合同约定，在约定的范围内进行尽职调查。如果尽职调查的范围约定不合理或者尽职调查工作超出约定的范围，法律尽职调查工作实际上超出律师的职责范围或者能力范围，很容易造成律师的工作失误，给律师带来重大责任风险。

四、在法律尽职调查中，律师既要认真研读自己调查获取的尽职调查资料，也应当与目标企业、政府部门、其他尽职调查机构加强沟通。律师进行法律尽职调查，应当与其他调查机构实现信息共享，借助区块链思维方式，通过多个渠道、多种方式验证所获取资料是否真实准确；如果发现有两份以上文件资料不能相互印证或者存在任何疑点，就应当进行进一步调查核实。律师只有尽到足够的审慎，才能挖掘表面证据背后的事实真相，避免被目标企业的隐瞒行为欺骗或者误导。

【实例】

在怀集登云汽配股份有限公司（简称"登云股份"）首次公开发行股票项目的法律尽职调查中，律师已经调查知悉登云股份的业务单位包括山东旺特汽车零部件有限公司（简称"山东旺特"），而山东旺特原名为山东登云汽配销售有限公司，于2011年更为现名。但是，律师并未对山东旺特与登云股份使用相同的企业字号、属于相同行业的疑点问题进一步进行调查核实，导致律师未能发现登云股份与山东旺特之间的关联关系，缺乏律师应有的职业审慎。

另外，American Powertrain Components, Inc.（简称"APC公司"）是登云股份2010年美国市场第二大客户，也是登云股份2012年的主要外销客户之一，APC公司的注册信息显示，在2010年1月之前，登云股份时任副总经理王某枢曾持有该公司股权，APC公司2010年1月发生股权变更，但之后的注册信息中预留的联系方式仍与时任登云股份副总经理王某枢及员工预留的联系地址相同。律师并未对APC公司与登云股份之间是否存在关联关系进行调查核实，在律师法律尽职调查的工作底稿中也未收集 APC 公司的注册信息。

最后，因律师未发现登云股份的关联关系和关联交易等原因，负责法律尽职调查的律师事务所被证监会警告、没收业务收入、并处以同等数额的罚款，项目律师和登云股份也受到相应的惩罚。

五、律师应当充分利用"陈述和保证条款"，作为法律尽职调查有益的补充。实务中，法律尽职调查一般都有很强的时间要求，而且期限以两周居多，让律师经常面对"时间短、任务重"的尴尬局面，导致很多具体问题来不及调查。而且，从本质上说，法律尽职调查是一种信息披露和核查程序，因此具有一种固有的不确定性和无周延性，直接表现就是法律尽职调查根本无法涵盖目标企业的全部信息和所有风险。由于律师与目标企业之间存在信息提供的不对称性以及法律风险本身的不确定性，任何意图提供一份全面、客观、准确地反映目标企业的实际情况的法律尽职调查报告，永远是一项"不可能完成的任务"。律师进行法律尽职调查只能无限接近这个目标，但永远不可能达到"全面、准确、客观"的标准。在这种情况下，律师就要善用"陈述和保证条款"，将调查期限内无法核查事项、来不及核查事项以及其他不可预料事项，由目标企业或者其管理层、实际控制人等作出相应的陈述和保证，作为尽职调查工作的有益补充和完善。这种条款，也便于委托方准确了解律师调查工作的范围和作出法律尽职调查报告的前提基础，让委托方对"陈述和保证条款"中的相关问题作出独立的商业判断，避免盲目地依赖法律尽职调查报告的结论，既是一种对委托方高度负责的态度，反过来也是对律师从事法律尽职调查工作的职业保护。

第四章　知识产权概述

第一节　知识产权基本概念

知识产权，英文为 intellectual property，其原意为知识所有权或者智慧所有权，也被称为智力成果权。在中国台湾地区和香港特别行政区，则通常称为智慧财产权或智力财产权。直到 1967 年《成立世界知识产权组织公约》（简称《WIPO 公约》）的签订，“知识产权”一词才逐渐为国际社会所普遍使用。

依照《WIPO 公约》的规定，“知识产权”包括下列权利：①

——关于文学、艺术和科学作品的权利；

——关于表演艺术家的演出、录音和广播的权利；

——关于人们努力在一切领域的发明的权利；

---

① 《成立世界知识产权组织公约》第 2 条“定义”第(8)项。

——关于科学发现的权利；

——关于工业品式样的权利；

——关于商标、服务商标、厂商名称和标记的权利；

——关于制止不正当竞争的权利；

——以及在工业、科学、文学或艺术领域里一切其他来自知识活动的权利。

世界贸易组织(简称"WTO")成立后,为了"在世界贸易组织和世界知识产权组织以及其他有关国际组织之间建立相互支持的关系"①,各成员国于1994年4月共同签署《与贸易有关的知识产权协议》(简称"TRIPs"),对知识产权的客体范围和表达方式做出新的界定。由于TRIPs是国际贸易组织的重要法律文件,具有相当的强制力,而且与国际贸易活动和成员国贸易政策的评价挂钩,其对知识产权客体权利的规定,逐渐被世界各国接受并遵照执行。依照TRIPs的规定,"知识产权"一词系指该协议第二部分第1节至第7节所列举所有种类的知识财产,即(1)版权和相关权利,(2)商标,(3)地理标志,(4)工业设计,(5)专利,(6)集成电路布图设计,(7)对未泄露信息的保护②。

早在1982年8月,第五届全国人大常委会就审议通过《商标法》,这是新中国历史上第一部知识产权的单项法律,1984年3月第六届全国人大常委会又审议通过《专利法》。直到1986年我国制定《民法通则》时,才正式使用"知识产权"的概念,而且内容比

---

① 《与贸易有关的知识产权协议》(TRIPs)中"前言"部分。

② 《与贸易有关的知识产权协议》(TRIPs)第1部分第1条、第2部分第1至第7节。

较简单,知识产权的范围只包括著作权、专利权、商标权、发现权以及其他科技成果权[①]。

经过30多年的理论研究、实践和探索,我国法律界对"知识产权"的概念逐渐形成一个清晰地轮廓。我国《民法典》于2020年5月28日第十三届全国人民代表大会第三次会议通过,于2021年1月1日起施行,其中规定,知识产权是权利人依法对作品、发明、实用新型、外观设计、商标、地理标志、商业秘密、集成电路布图设计、植物新品种以及法律规定的其他客体享有的专有权利[②]。这种条文表述,与WIPO公约和TRIPs的有关规定保持高度一致。不仅如此,我国《民法典》还根据社会经济的发展,在知识产权的客体范围中增加了"植物新品种",同时为未来补充知识产权的其他客体留下空间,是一种典型的"洋为中用"。但是,考虑到司法实务和理论研究的便利,笔者更倾向于沿用《民法通则》中的传统表述方式。按照传统的表述方式,可以对知识产权作出定义:知识产权是著作权(包括邻接权)、专利权、商标权、地理标志专用权、商业秘密专用权、集成电路布图设计专用权、植物新品种专用权以及法律规定的其他客体的专用权(例如特殊标志专用权、域名专用权)的总称。

第二节 知识产权的范围概述

概括地说,知识产权是指公民、法人或者其他组织对其在科

① 《民法通则》第5章第3节。

② 《民法典》第123条。

学技术和文学艺术等领域内,主要基于脑力劳动创造完成的智力成果所依法享有的专有权利。根据知识产权的客体性质不同,知识产权可以分为两大类,第一类是著作权(包括邻接权)。著作权的客体主要是文学艺术领域内的智力成果,即作品,也包括一些特定的工业领域的科学作品,如计算机软件、地图等。其他知识产权都是以科学技术和工业领域内的智力成果作为客体,被统称为工业产权(也被称为产业产权)。工业产权进一步细分,包括专利权、商标权、地理标志专用权、商业秘密专用权、集成电路布图设计专用权、植物新品种专用权等,如图 4 - 1 所示。

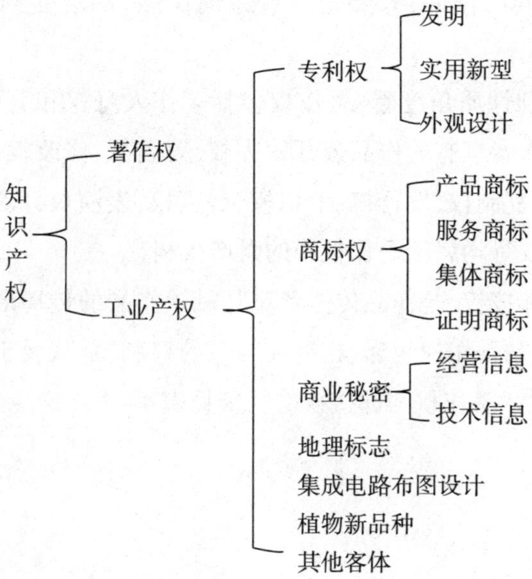

图 4 - 1　知识产权分类

当然,知识产权的分类都是相对的,各种知识产权客体之间可以相互联系、相互转化。例如，一件享有著作权的作品，可能被创作者申请注册为注册商标，因此受到商标法的保护；受著作权保护的计算机软件，在符合特定条件下可以申请为专利；等等。

一、著作权

著作权又被称为版权，是指自然人、法人或者其他组织对文学、艺术和科学作品依法享有的财产权利和精神权利的总称。

著作权的保护范围是作品思想的表达形式，而不是保护思想本身，这意味着，根据相同的思想、创意，不同作者均可以创作出不同的作品，只要是作者原创作品，都会受到著作权法的保护。

从权利性质角度看，著作权包括著作人身权和著作财产权，前者包括作者享有的作品公开发表权、署名权、修改权、保护作品完整权，而复制权、发行权、出租权、展览权、表演权、广播权、信息网络传播权等均属于著作权中的财产权利①。

著作邻接权，是作品传播者对其赋予作品的传播形式所享有的权利，是与著作权相邻、相近或类似的权利，是从属于著作权的一种权利②。著作权与邻接权的区别见表4－1。

---

① 《著作权法》第10条。

② 《著作权法》第8条中被称为“与著作权有关的权利”。

表4－1　著作权与邻接权的区别

比较事项	著作权	邻接权
权利主体	智力作品的创作者，包括自然人和法人	出版者、表演者、音像制作者、广播电视组织，除表演者以外，几乎都是法人
保护对象	文学、艺术和科学作品，体现了作者的创造性劳动	经过传播者加工后的作品，主要体现了传播者的创造性劳动
权利内容	作者对其作品享有发表、署名等人身权和使用、收益、处分等财产权	出版者对其出版的书刊的权利、表演者对表演的权利、音像制作者对其音像制品的权利、广播电视组织对其广播、电视节目的权利等
保护前提	无前提，作品只要符合法定条件，一经产生就可获得著作权保护	邻接权的取得须以著作权人的授权及对作品的再利用为前提

二、专利权

专利权是指一项发明创造的权利人向国家专利主管部门提出专利申请，经依法审查合格后，向专利申请人授予的、在规定时间内对该项发明创造享有的专有权。

根据中国专利法，专利包括发明专利、实用新型专利和外观设计专利三种类型。发明和实用新型专利权被授予后，专利权人对该项发明创造拥有独占权，任何单位和个人未经专利权人许可，都不得实施其专利，即不得为生产经营目的制造、使用、许诺销售、销售和进口其专利产品。外观设计专利权被授予后，任何单位或者个人未经专利权人许可，都不得实施其专利，即不得为生产经营目的制造、许诺销售、销售、进口其外观设计专利产品[①]。三种类型的专利权的区别见表4－2。

表4－2　发明专利、实用新型专利和外观设计专利的区别

比较项目	发明专利	实用新型专利	外观设计专利
适用对象	对产品、方法或者其改进所提出的新的技术方案	对产品的形状、构造或者其结合所提出的适于实用的新的技术方案	产品的形状、图案或者其结合(包括色彩)所作出的富有美感并适于工业应用的新设计
授权程序	初步审查、公开、实质审查	初步审查	初步审查
保护期限	20年	10年	10年
保护范围	以申请书中的“权利要求书”为准。申请案中的附图及说明书可用来解释权利要求书	同发明专利,以申请书中的“权利要求书”为准	以表示在申请案中的图片或照片所反映的外观设计专利产品为准

由于发明专利实行实质审查,发明专利的申请流程与实用新型专利的申请流程存在很大区别,分别见图4－2和图4－3。

① 《专利法》第11条。

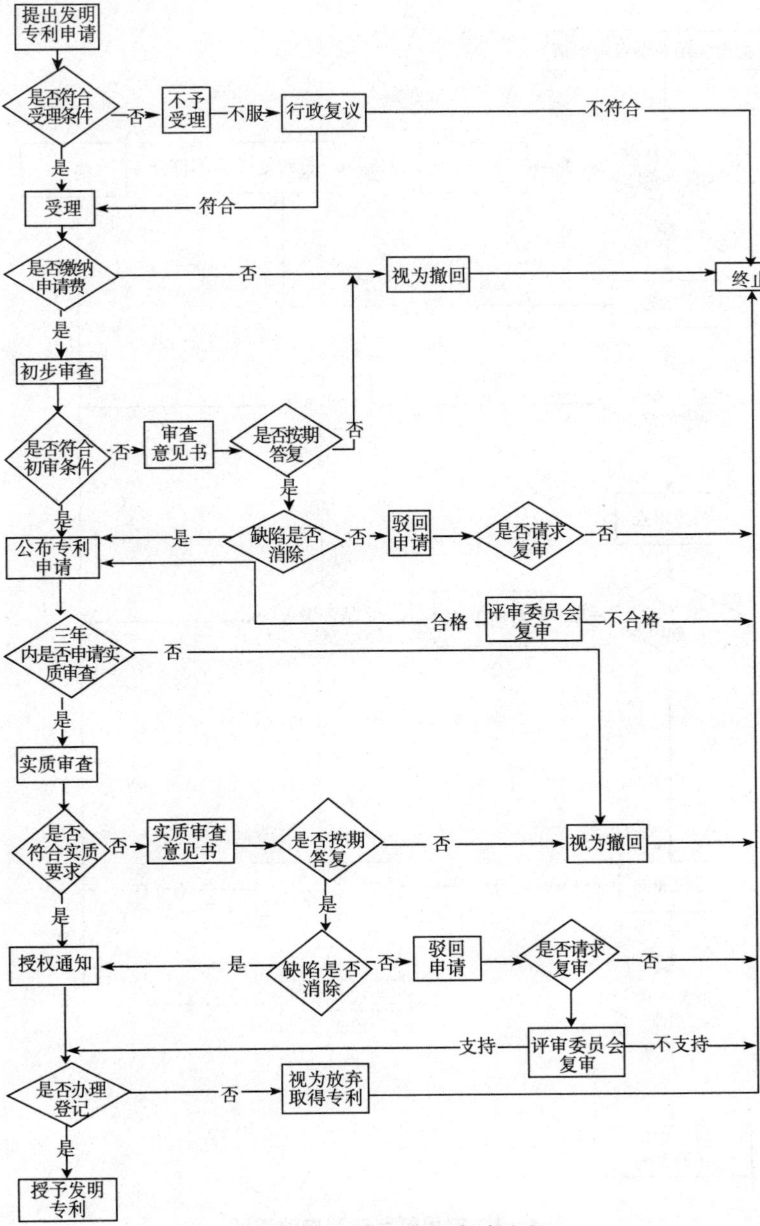

图 4－2　发明专利申请流程

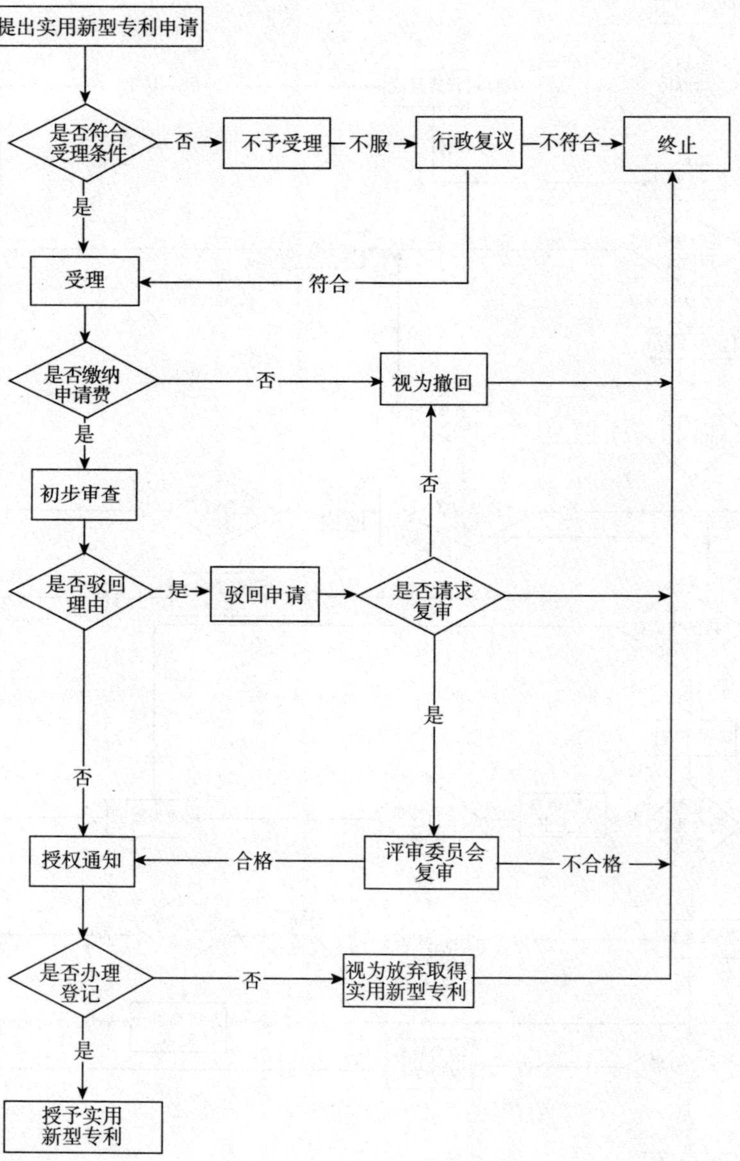

图 4－3 实用新型专利申请流程

三、商标权

商标权是指商标主管机关根据商标申请人提出的商标注册申请、授予商标申请人对其注册商标依法享有的专有权。

商标是一种识别标志，主要作用在于表明商品生产者或者服务提供者的身份、标记产品来源，维护商业活动的正常秩序，激励商品或者服务提供者提高产品质量和服务水平，促进国家整体经济的发展。

依照我国《商标法》，注册商标包括商品商标、服务商标、集体商标、证明商标四种类型。其中，商品商标和服务商标两类商标比较简单，无须赘述，商标申请注册流程见图 4-4。

集体商标和证明商标最早见于国家工商行政管理局于 1994 年 12 月发布的《集体商标、证明商标注册和管理办法》，2001 年 10 月《商标法》第三次修订时，被正式列入《商标法》调整的内容。其中，集体商标是指以团体、协会或者其他组织名义注册，供该组织成员在商事活动中使用，以表明使用者在该组织中的成员资格的标志①。比较典型的集体商标如“新华书店”“佛山陶瓷”“重庆火锅”“沙县小吃”等。

证明商标，是指由对某种商品或者服务具有监督能力的组织所控制，而由该组织以外的单位或者个人使用于其商品或者服务，用以证明该商品或者服务的原产地、原料、制造方法、质量或者其他特定品质的标志②。比较典型的证明商标有“绿色食品”标志、星级酒店标志、纯羊毛标志等。

---

① 《商标法》第 3 条第 2 款。

② 《商标法》第 3 条第 3 款。

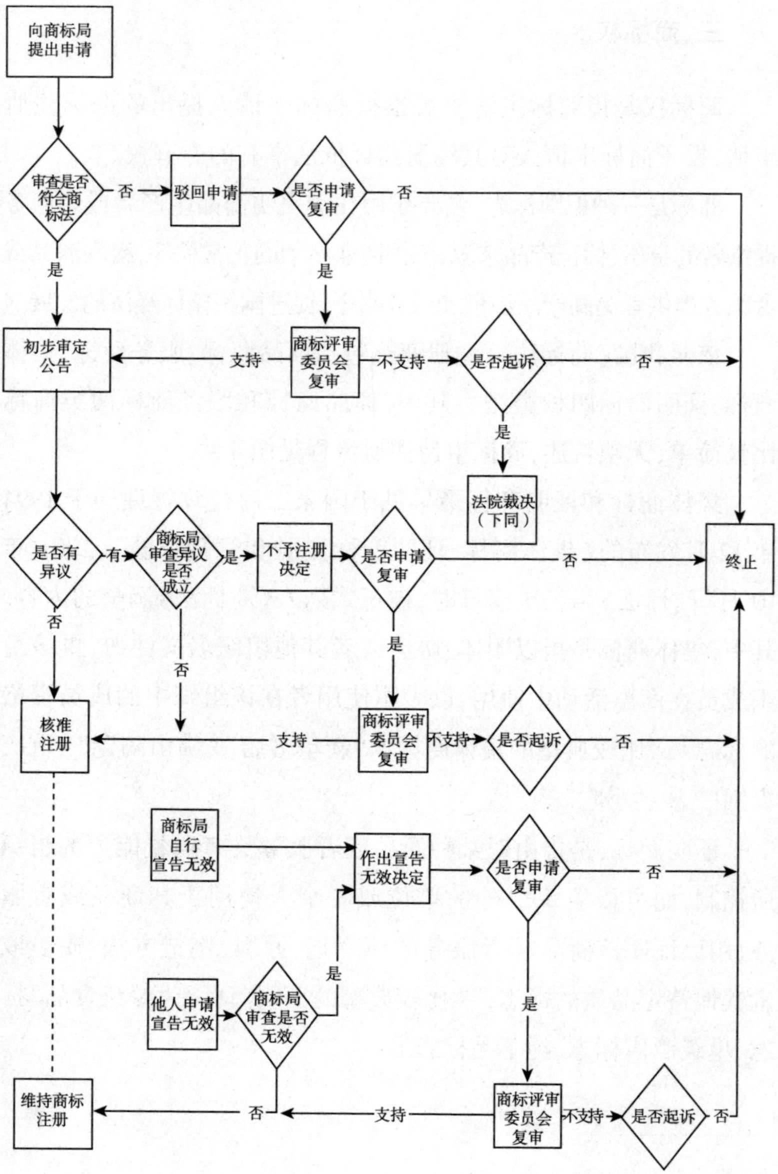

图 4-4 商标申请注册流程

【实例】大连某洗盐厂侵犯绿色食品证明商标专用权案

2018 年 3 月 12 日，根据群众举报，吉林省蛟河市市场监管局依法查处大连瓦房店五岛粉洗盐厂（简称“五岛盐厂”）涉嫌侵犯绿色食品证明商标一案。经查，五岛盐厂生产的“五岛”牌深井岩盐精制盐（加碘精制）外包装左上方标注的标志，与第 892120 号绿色食品证明商标近似，涉嫌商标侵权。经与中国绿色食品发展中心核实，“五岛”牌深井岩盐精制盐产品使用的标志未经该中心许可，五岛盐厂所使用标志的整体图案底色、位置布局、元素搭配均与该中心的绿色食品证明商标近似，容易导致混淆。根据《商标法》及《商标法实施条例》的相关规定，行政机关认定五岛盐厂的行为构成商标侵权，对五岛盐厂处以没收侵权商品并罚款 50 多万元的行政处罚。五岛盐厂不服，依法提起行政诉讼，2019 年 7 月 8 日，二审法院作出判决，维持行政处罚决定。

四、地理标志

地理标志，又称原产地标志（或标记），是指证明某一产品来源于某一国家（或某一地区）内特定地域的标志，该产品的某些特定品质、声誉或其他特性主要归因于其地理来源①。

简单地说，地理标志就是产品产地来源的重要标志。在我国，地理标志的保护经历一个不断演化的过程。早在 1999 年 7 月，国家质量技术监督局就制定了规范保护产品的原产地的部分规章，当时使用的概念是“原产地域产品”，指利用产自特定地域

---

① 《与贸易有关的知识产权协定》（TRIPs）第 22 条第 1 款。

的原材料,按照传统工艺在特定地域内所生产的,质量、特色或者声誉在本质上取决于其原产地域地理特征并依照本规定经审核批准以原产地域进行命名的产品①。2001 年 3 月,国家出入境检验检疫局印发《原产地标记管理规定》和《原产地标记管理规定实施办法》(国检法〔2001〕51 号),开始使用"原产地标记"一词。

根据我国加入世界贸易组织的承诺,我国在 2001 年 10 月第三次修订《商标法》时,增加了地理标志的相关规定。我国《商标法》中的地理标志,是指标示某商品源于某地区,该商品的特定质量、信誉或者其他特征,主要由该地区的自然因素或者人文因素所决定的标志,这与 TRIPs 中的表述基本一致②。

2005 年 7 月,国家质量监督检验检疫总局颁布《地理标志产品保护规定》,统一使用"地理标志"称谓。依照该规定,申请地理标志产品保护应当由相应地方政府指定申请机构或者认定的协会和企业提出申请,由国家质量监督检验检疫总局审查核准。

2018 年 5 月,国务院进行机构改革,在国家工商行政管理总局的基础上组建国家市场监督管理总局,不再保留国家质量监督检验检疫总局,国家质量监督检验检疫总局受理地理标志产品申请的职责划给国家知识产权局。当年 6 月,国家知识产权局就开始依法受理地理标志产品保护申请并公示有关信息,首批受理的 10 个地理标志产品申请分别为行唐大枣、南陵大米、连江海带、汨罗粽子、溆浦瑶茶、紫金春甜橘、忻城糯玉米、德源大蒜、紫云春茶、且末红枣。据不完全统计,我国目前已经受理地理标志产品

① 国家质量技术监督局 1999 年 8 月 17 日发布的《原产地域产品保护规定》,2005 年国家质量监督检验检疫总局第 78 号令废止。

② 《商标法》第 16 条第 2 款。

2361个，其中国内2298个，代表性的有福鼎白茶（福建）、百色芒果（广西）、太平猴魁（安徽）、潍县萝卜（山东）等；国外63个，包括波尔多葡萄酒、纳帕河谷葡萄酒（美国加州）等①。

2002年修订《商标法实施条例》，明确规定地理标志可以作为证明商标或者集体商标申请注册。因此，地理标志既可以作为一种单独的知识产权获得保护，也可以申请作为集体商标或者证明商标的法律保护。对协同保护问题，我国的相关法律规定：以地理标志作为证明商标注册的，其商品符合使用该地理标志条件的自然人、法人或者其他组织可以要求使用该证明商标，控制该证明商标的组织应当允许。以地理标志作为集体商标注册的，其商品符合使用该地理标志条件的自然人、法人或者其他组织，可以要求参加以该地理标志作为集体商标注册的团体、协会或者其他组织，该团体、协会或者其他组织应当依据其章程接纳为会员；不要求参加以该地理标志作为集体商标注册的团体、协会或者其他组织的，也可以正当使用该地理标志，该团体、协会或者其他组织无权禁止。除此之外，注册商标中有地理标志或者与地理标志相同或者近似，而其指定使用商品并非来源于该标志所标示的地区，容易导致相关消费者混淆误认的，不得注册；但是，已经善意取得注册的继续有效②。

地理标志作为证明商标的例子也有很多，如"西湖龙井""金华火腿"等。

---

① 公众可登录知识产权局所属的中国国家地理标志产品保护网查询，网址：www.cgi.gov.cn。

② 《商标法实施条例》第4条、《商标法》第16条第1款。

五、商业秘密

商业秘密,是指不为公众所知悉、具有商业价值并经权利人采取相应保密措施的技术信息、经营信息等商业信息①。

商业秘密所涉及的信息,一般分成技术信息和经营信息,技术信息包括生产配方、工艺流程、技术诀窍、设计图纸等技术信息,也被称为专有技术、非专利技术或者技术诀窍(Know-how),而管理方法、产销策略、客户名单、货源情报等则属于企业的经营信息。

根据商业秘密的定义,商业秘密应当具备以下三个构成要件:

(一)秘密性(非公知性)

在法律规定中,"不为公众所知悉"即指商业秘密信息的秘密性,是指权利人所主张的商业秘密未进入公有领域,属于非公知信息或非公知技术。秘密性,这是商业秘密的核心特征,也是认定商业秘密的难点和争议的焦点。秘密性是商业秘密与专利技术、公知技术相区别的最显著特征,也是商业秘密维系其经济价值和法律保护的前提条件。

(二)具有商业价值

商业秘密应当具有商业价值,能为权利人带来经济利益,这是法律保护商业秘密的目的,也是商业秘密制度的核心。如果一项信息不具有实用性,或者其应用并不能为权利人带来现实的或者潜在的经济利益,那自然失去了保护的必要性。

(三)采取保密措施

商业秘密的权利人对其商业秘密信息应当采取适当的保密

---

① 《反不正当竞争法》第9条第4款。

措施,这是权利人维护自己权利应尽的义务,而且商业秘密信息的价值或者重要性越高,采取的保密措施等级越高。相反,如果权利人对其机密信息没有采取任何的保护措施,则说明权利人自己都认为这项信息对他而言并不重要,或者没有什么商业价值,对这种"权利上的睡眠者",司法机关为其提供法律保护又有什么必要呢?权利人对该项信息采取放任的态度,让其他人(包括竞争对手)在正常情况下通过公开渠道就能轻松获悉该信息,根本无法知道权利人的权利边界,在这种情况下,如果认定信息获取人的无意识获悉信息的行为构成侵权,既违反侵权认定的基本规则,对信息获取人也是不公平的。

【实例】山东省食品进出口公司诉马达庆、青岛圣克达诚贸易有限公司不正当竞争纠纷

被告马达庆于1986年进入山东省食品进出口公司(简称"山东食品")工作,2006年12月劳动合同自行到期终止。在2006年9月,被告青岛圣克达诚贸易有限公司(简称"圣克达诚公司")成立,该公司法定代表人为马达庆的外甥、监事为马达庆的配偶,马达庆离职后便任职于该公司。

山东食品等四家公司自2001年起便获得了中国粮油食品进出口(集团)有限公司(以下简称"中粮集团")所分配的特定区域产海带出口日本的数量配额。前述配额下达后,主要由马达庆代表山东食品与日本东海水产贸易(株)等公司签订《贸易合同》,办理海带出口业务。2007年1月10日,中粮集团下属中粮国际(北京)有限公司分别向山东食品以及圣克达诚公司发出《关于报送海带经营计划的通知》,要求两公司报送海带出口工作计划,并据此决定海带出口经营公司，随后中粮国际（北京）有限公司对两公司分别进行了考察。2007年2月14日，中粮国际（北京）有限公司决定将2007年威海海带出口日本业务交由圣克达诚公司执行，最终，圣克达诚公司获得310吨威海地区产海带出口配额，山东食品获得320吨威海地区产海带出口配额。

山东食品认为其对日海带出口业务是经过三十多年的努力经营积累的商业机会，应当受到法律保护。马达庆利用其任职期间所掌握的海带业务的全部流程、技术和客户信息，通过其在离职前后实施的一系列行为窃取属于山东食品的商业机会而为自己谋取不正当利益，该行为违背了诚实信用的市场竞争规则，是明显的不劳而获行为，且该行为已经给山东食品造成了巨大的经济损失，故以两被告违反了《反不正当竞争法》第二条的规定，请求法院判令停止不正当竞争行为并赔偿损失人民币600万元。

一审法院认为：如果正当经营者通过自身的努力获得了某种竞争优势，而其他经营者通过不正当手段获取了该竞争优势并给正当经营者造成了损失，扰乱了社会经济秩序，符合《反不正当竞争法》第二条原则性条款的，应当属于不正当竞争行为。本案中，对日出口海带贸易的机会并非任何一个具有进出口业务资格的企业可以自主通过申报计划书等方式从公开的途径获得，山东食品获得的这种竞争优势是通过公平方式获取的；尽管从形式上看，圣克达诚公司获得对日出口海带贸易机会是通过申报出口海带计划并接受相关单位考察后获得的，但是没有证据显示圣克达诚公司是通过公平竞争的方式来获取该贸易机会；而圣克达诚公司获取了对日出口海带贸易的机会，与山东食品形成了直接的竞争，并造成了山东食品经济损失，故马达庆、圣克达诚公司的行为构成不正当竞争,并据此判决两被告在三年内不得经营对日出口海带贸易,同时赔偿山东食品200余万元经济损失。

两被告不服一审判决,向山东高院提起上诉,山东高院认为:马达庆被控行为没有违反诚实信用原则,也没有违反公认的商业道德,其行为不具有不正当性,不构成不正当竞争。山东食品与马达庆没有保守商业秘密的约定,也不存在法定和约定的竞业限制,山东食品不能依据《反不正当竞争法》第二条的规定限制其自由竞争,获得特殊保护,原审判决依据《反不正当竞争法》第二条对涉案行为进行保护属于适用法律错误。故此撤销一审判决,驳回山东食品的全部诉讼请求。

山东食品不服,向最高人民法院提起再审申请。最高人民法院审理后认为,职工在职期间筹划设立与所在单位具有竞争关系的新公司,为自己离职后的生涯作适当准备,并不当然具有不正当性;只有当职工的有关行为违反了法定或者约定的竞业限制义务的情况下,才能够认定该行为本身具有不正当性,最终驳回了山东食品的再审申请①。

六、集成电路布图设计

集成电路,即半导体集成电路,是以半导体材料为基片,将至少有一个是有源元件的两个以上元件和部分或者全部互连线路集成在基片之中或者基片之上,以执行某种电子功能的中间产品或者最终产品。

---

① 最高人民法院发布《知识产权案件年度报告(2010)》,(2009)民申字第1065号案。

集成电路布图设计是指集成电路中至少有一个是有源元件的两个以上元件和部分或者全部互连线路的三维配置，或者为制造集成电路而准备的上述三维配置[①]。通俗地说，集成电路布图设计就是确定用以制造集成电路的电子元件在一个传导材料中的几何图形排列和连接的布局设计。

1989 年 5 月，世界知识产权组织通过了《关于集成电路的知识产权条约》，明确将集成电路布图设计作为知识产权的保护客体。但是，集成电路布图设计实质上是一种图形设计，但它并非产品的形状、图案或者其结合所作出的富有美感工业设计，因此不属于工业品外观设计的范畴；同时，集成电路布图设计也难以满足发明专利和实用新型专利应当具备的创造性、新颖性和实用性，所以不能适用《专利法》获得法律保护。作为一种图形设计，集成电路布图设计既不是一定思想的表达形式，也不具备艺术性，因而很难被界定为著作权法中的作品，故也不能依照《著作权法》获得法律保护。

正是考虑到集成电路布图设计的特殊性，世界许多国家都通过单行立法，我国是在 2001 年 3 月由国务院制定《集成电路布图设计保护条例》，将集成电路布图设计作为一项单独的知识产权客体予以保护。

依照我国《集成电路布图设计保护条例》的规定，布图设计创作者应当向国务院知识产权行政部门申请登记后才能享有集成电路布图设计专有权（登记流程见图 4－5），而且受保护的布图设计应当具有独创性，即该布图设计是创作者自己的智力劳动成

① 《集成电路布图设计保护条例》第 2 条。

果,并且在其创作时该布图设计在布图设计创作者和集成电路制造者中不是公认的常规设计①。

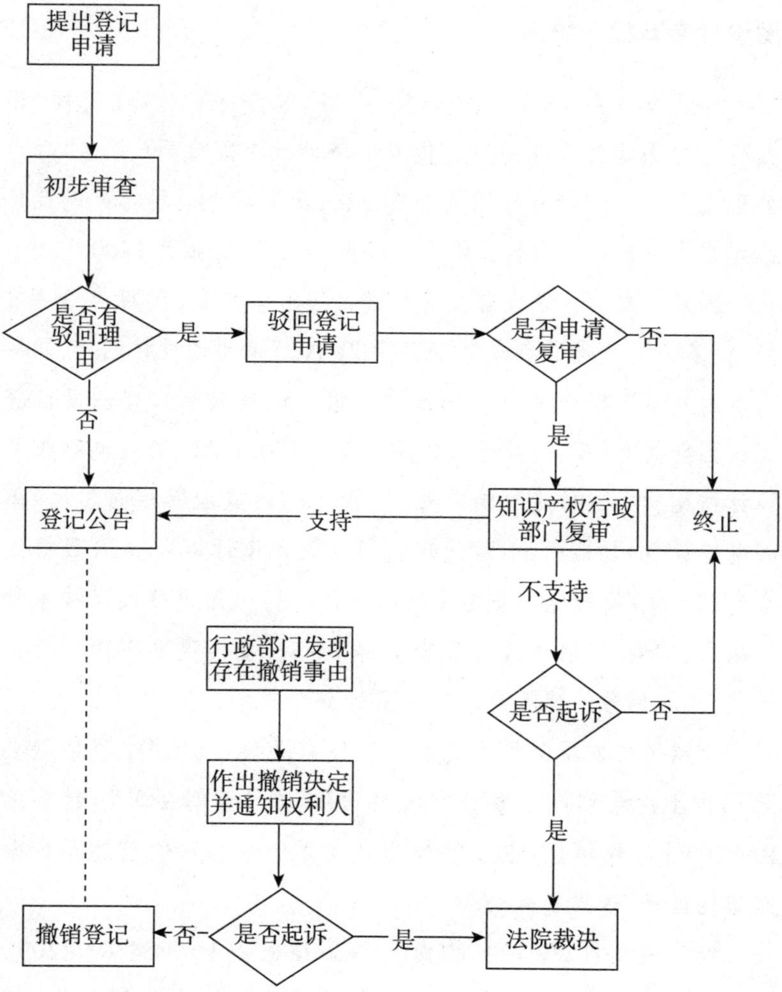

图 4－5　集成电路布图设计申请登记流程

① 《集成电路布图设计保护条例》第 4 条、第 8 条。

【实例】钜泉光电科技(上海)股份有限公司与深圳市锐能微科技有限公司、上海雅创电子零件有限公司侵害集成电路布图设计专有权纠纷案

2006年5月,钜泉光电科技(上海)股份有限公司(简称“钜泉公司”)与案外人珠海炬力集成电路设计有限公司(简称“炬力公司”)签订技术转让合同及补充协议,约定炬力公司将电能计量系列芯片的专有技术转让给钜泉公司,合同总价款为1200万元。

钜泉公司受让该专有技术后进行了后续研发,2008年3月1日,钜泉公司完成了名称为“ATT7021 AU”的布图设计创作,同年向国家知识产权局申请布图设计登记。该集成电路布图设计登记的图样共有16层,登记文件中的“ATT7021 AU集成电路布图设计结构、技术、功能简要说明”记载:(1)达成业界相同芯片(单相电能计量)功能/性能最优化面积的版图设计诉求;(2)数模混合高抗干扰/高静电保护芯片版图设计;(3)采用电路设计技术和金属层、扩散层、信号流合理布局等版图技术实现灵敏信号噪声屏蔽,大小信号干扰隔离。

钜泉公司发现深圳市锐能微科技有限公司(简称“锐能微公司”)向上海雅创电子零件有限公司(简称“雅创公司”)销售的RN8209G芯片和RN8209芯片中复制了钜泉公司的前述集成电路布图设计,遂提起诉讼。

经法院委托,鉴定机构做出如下结论:(1)涉案RN8209、RN8209G与钜泉公司主张的独创点5(数字地轨与模拟地轨衔接的布图)相同;(2)涉案RN8209、RN8209G与钜泉公司主张的独创点7(模拟数字转换电路的布图)中第二区段独立升压器电路的布图相同;(3)依据现有证据应认定上述(1)(2)点具有独创性,不属于常规设计。

另查明,2003年3月21日,炬力公司与杨建明签订劳动合同,杨建明的工作岗位是炬力公司研发设计部工程师,双方劳动关系于2007年3月31日终止,后杨建明到锐能微公司担任技术顾问。

2006年,钜泉公司分别与陈强、赵琮签订劳动合同,聘用陈强为销售经理,聘用赵琮在研发部门从事IC设计工作,合同期限自2006年至2009年。钜泉公司还与陈强、赵琮签订了保密合同,约定其对钜泉公司的相关技术信息和经营信息负有保密义务。后陈强至锐能微公司担任总经理,赵琮也到锐能微公司任职。

法院审理后认为,钜泉公司涉案ATT7021 AU集成电路布图设计于2008年3月1日创作完成,并向国家知识产权局申请布图设计登记,同年7月2日获得登记证书,钜泉公司对涉案集成电路布图设计享有专有权,即享有复制权和投入商业利用的权利。经技术比对鉴定,锐能微公司RN8209、RN8209G芯片的布图设计与钜泉公司ATT7021 AU芯片的布图设计中的"数字地轨与模拟地轨衔接的布图"和"模拟数字转换电路的布图中第二区段独立升压器电路的布图"相同,而该部分集成电路布图设计具有独创性,不属于常规设计。因此认定锐能微公司侵犯了钜泉公司的布图设计专有权,并综合考虑涉案芯片销售数量、销售价格及销售利润、钜泉公司涉案布图设计的布图面积、功能作用在涉案芯片中的比重等因素,确定锐能微公司应赔偿钜泉公司经济损失320万元。雅创公司销售的涉案芯片系锐能微公司制造,在钜泉公司未能举证锐能微公司和雅创公司系共同侵权的前提下，雅创公司不知道也没有合理理由应当知道涉案芯片中含有非法复制的布图设计，故其行为不应视为侵权。

七、植物新品种

植物新品种，是指经过人工培育的或者对发现的野生植物加以开发，具备新颖性、特异性、一致性和稳定性并有适当命名的植物品种。[①]

植物新品种权，是工业产权的一种类型，是指完成育种的单位或个人对其授权的品种依法享有的排他使用权。

植物新品种权保护的最终目的，是鼓励更多的组织和个人向植物育种领域投资，从而有利于培育和推广更多的植物新品种，推动我国的种子工程建设，促进农林业生产的不断发展。

我国植物新品种保护工作是由国家林业和草原局及农业农村部两个部门来进行的。根据两部门在植物新品种保护工作上的分工，国家林业和草原局负责林木、竹、木质藤本、木本观赏植物（包括木本花卉）、果树（干果部分）及木本油料、饮料、调料、木本药材等植物新品种保护工作，农产品的植物新品种保护工作由农业农村部负责。

八、法律规定的其他客体

通常观点，知识产权的其他客体包括特殊标志、域名等，具体还有待法律进一步界定和明确。

---

① 《植物新品种保护条例》第 2 条。

(一)特殊标志,是指经国务院批准举办的全国性和国际性的文化、体育、科学研究及其他社会公益活动所使用的,由文字、图形组成的名称及缩写、会徽、吉祥物等标志,如北京奥运会、上海世博会、上海进博会、历届世园会等。申请特殊标志保护,特殊标志所有人应当向国务院工商行政管理部门(国家商标局)提出登记申请,由行政管理部门核准登记后,发给特殊标志登记证书并公告。

核准登记后,特殊标志所有人可以在与其公益活动相关的广告、纪念品及其他物品上使用该标志,也可以许可他人使用。许可使用时,双方应当签订书面许可使用合同,特殊标志使用人应当自合同签订之日起 1 个月内,将合同副本报国家商标局备案,并报使用人所在地工商行政管理部门存查。

特殊标志有效期为四年,自登记核准之日起计算。特殊标志所有人可以在有效期届满前 3 个月内提出延期申请,延长的期限由国家商标局根据实际情况和需要决定①。

【实例】张家口寰慧公司侵犯奥林匹克标志专有权案

2019 年 6 月 12 日,河北省张家口市知识产权局接到举报,反映张家口寰慧房地产开发有限公司(简称“寰慧公司”)开发的容辰首府售楼处发布有内容为“冬奥国际张　容辰山河府”的广告。经查,寰慧公司未经奥林匹克标志权利人许可,擅自在售楼处发布含有“冬奥”字样的广告,宣传推介其房地产项目。该行为构成《奥林匹克标志保护条例》第 5 条第(3)项“将奥林匹克标志用于

① 《特殊标志管理条例》第 2 条、第 5 条、第 8 条、第 9 条、第 14 条。

广告宣传、商业展览、营业性演出以及其他商业活动中”之规定，构成侵犯奥林匹克标志专有权行为。2019年11月11日，行政机关依据《奥林匹克标志保护条例》第12条的规定，对寰慧公司作出罚款13万元的行政处罚。

(二)域名(包括中文域名)，从技术上说，域名只是联接在互联网上各计算机的地址，是对应于互联网数字地址(IP地址)的层次结构式网络字符标识。同时，域名也是联系网络用户和网站所有者的桥梁，因此蕴含可观的经济价值。特别是随着互联网经济高度发展，域名开始凸显其巨大的商业价值，并成了商业竞争中的重要因素。

作者认为，域名只能是英文字母或者中文汉字按照特定顺序的简单组合，其指向特定网站地址，并不具有标识商品来源的功能；而且，域名虽然按照先登记原则，在商业使用中，域名本身并不会提高企业的市场竞争力和知名度，其功能与作用甚至远不及企业名称(商号)，所以，域名是否应当作为一种单独的知识产权客体，还值得商榷。

根据我国司法实践，知识产权法院或者法庭确实受理了很多起域名争议案件，但这种案件往往与注册商标(或者他人的企业字号)具有非常密切的关系，因此，所谓的域名争议只是一种表现形式，域名申请人使用与他人注册商标相同或者近似的域名申请登记，或者域名中包括他人注册商标的核心部分，通过该域名进行相关商品交易的电子商务，容易使相关公众产生误认，依照最高人民法院的司法解释，这种行为已经构成商标侵权[①]。另外，如

① 最高人民法院《关于审理商标民事纠纷案件适用法律若干问题的解释》第1条。

果侵权人注册的域名包含他人的企业字号,或者虽然使用与他人注册商标相同或者近似的域名,但并没有实际使用该域名进行商品宣传或者交易,则构成反不正当竞争行为,也应当承担相应的法律责任。北京市高级人民法院则认为这种案件争议应当由当事人选择诉讼案由:"对于域名纠纷案件,应根据双方当事人争议的法律关系的性质确定案由。原告以域名侵犯其商标权为由起诉的,应确定为侵犯商标权纠纷;以不正当竞争行为起诉的,应依据不正当竞争行为的性质确定案由。"①

【实例】

之宝制造公司(Zippo Manufacturing Company,简称"之宝公司")始创于 1932 年,是世界著名的打火机制造商,其拥有的"ZIPPO"品牌已经成为美国文化的标志。其产品不仅是美国军方指定的采购产品,而且在美国好莱坞影片中大量使用,具有极高的知名度及影响力。1999 年,美国时代杂志把 ZIPPO 打火机评为最典型的美国标志。

在中国,之宝公司注册了 ZIPPO 系列商标,其中包括:(1)第 347274 号"ZIPPO"商标,核定使用商品为打火机、打火石,有效期自 1989 年 4 月 30 日至 2019 年 4 月 29 日;(2)第 3091639 号商标,核定使用商品为打火机(吸烟用),有效期自 2003 年 3 月 14 日至 2013 年 3 月 13 日;(3)第 1582003 号"ZipLight"商标,核定使用商品为装在打火机盒内的手电筒等。中国商标局 2000 年将

① 北京市高级人民法院《关于审理因域名注册、使用而引起的知识产权民事纠纷案件的若干指导意见》(京高法发〔2000〕276 号文)第 3 条。

"ZIPPO"列入《全国重点商标保护名录》,2005年中国工商部门查处的侵犯"ZIPPO"商标权的案件被列入全国保护知识产权十大案件。

在此案审理之际,浙江省高级人民法院在之宝公司诉慈溪市附海唐锋塑料厂和孙孟林商标侵权案中以(2012)浙知终字第100号《民事判决书》,北京市第一中级人民法院在之宝公司诉国家工商行政管理总局商标评审委员会的四个商标行政诉讼案中,分别以(2012)一中知行初字第349号、350号、2494号和(2011)一中知行初字第2524号《行政判决书》,相继认定之宝公司注册和使用在打火机等商品上的"ZIPPO"商标为驰名商标。

2006年9月13日,浙江温州人郑某某注册了zippolight. com. cn,zippolight. cn,zippolight. net,zippolight. net. cn等域名,温州人林某某为zippolight. com. cn域名对应网站"ZIPPO之光"的网站负责人,该网站首页的显著位置标注有"ZIPPO之光"字样,网站内容包括介绍之宝公司历史、ZIPPO打火机和销售各类标有"ZIPPO"标识的打火机产品等。zippolight. cn,zippolight. net,zippolight. net. cn域名在注册后没有进行实际使用。

法院审理认为:(1)"zippolight"域名与"ZIPPO""ZipLight"注册商标构成近似,足以造成相关公众的误认;(2)郑某某、林某某注册zippolight. com. cn域名及通过该域名进行电子商务活动具有明显的主观恶意,构成商标侵权;(3)郑某某注册zippolight. cn,zippolight. net,zippolight. net. cn等域名的行为构成对之宝公司的不正当竞争。故判决被告郑某某、林某某立即停止侵犯之宝公司"ZIPPO""ZipLight"注册商标专用权的行为,其中包括立即停止使用zippolight. com. cn域名,注销zippolight. com. cn,zippolight. cn, zippolight. net,zippolight. net. cn 域名,并承担赔偿损失的法律责任①。

在另一起美国杜邦公司诉北京国网信息有限公司计算机网络域名侵权纠纷案中,法院认为:域名是互联网用户在网络中的名称和地址,域名具有识别功能,是域名注册人在互联网上代表自己的标志。由于域名有较强的识别性,网络中的访问者一般凭借域名来区分信息服务的提供者,域名日益成为企业在互联网上的重要标志。域名的这一特性使其在商业领域具有重要的知识产权意义,企业往往尽可能使用其商标或商号作为域名,使访问者可以通过域名识别网站创立者的商品和服务。在域名上使用驰名商标,还可以利用驰名商标的知名度和信誉进行商业宣传,以吸引客户,获得较高的访问率。

商标权人应有权以域名的方式使用自己的驰名商标,在互联网上享受该驰名商标所带来的利益。因此,将他人驰名商标注册为域名的行为,必然会给商标权人的合法权益造成损害。根据《民法通则》第 4 条及《反不正当竞争法》第 2 条第 1 款的规定,恶意将他人驰名商标注册为域名,无偿占有他人的商誉为自己牟取不当利益,事实上造成了妨碍驰名商标在中国互联网上使用的,侵犯了驰名商标专用权,已经违反了诚实信用的原则,构成不正当竞争②。

---

① 浙江省温州市中级人民法院(2012)浙温知初字第 145 号民事判决书。

② 载《最高人民法院公报》2002 年第 3 期,审理法院:北京市高级人民法院。

第三节 知识产权的特点

知识产权作为一项独特的民事权利,它具有以下四个主要特征,即无形性、排他性、地域性和时间性。

一、无形性

无形性,是指知识产权的客体是智力成果或是知识产品,是一种无形财产,是创造性的智力劳动成果。这是知识产权与房屋、汽车等有形财产最显著的区别。这种特征的最大特点就是其可分性,表现在同一项知识产权可以同时由不特定的多个民事主体使用或者反复使用,即俗话说的"一女二嫁",而且这种使用并不会减损该项知识产权的价值。

二、排他性

排他性(也称为独占性、专有性或者垄断性)。一般而言,知识产权的根本权利基础是基于国家的授权,是国家以法律的形式赋予创造者对其智力成果在一定时期内享有的独占权(Exclusive right),权利人独占或垄断的专有权利受法律保护,他人不得侵犯。而且,知识产权既具有物权属性(对世性),又具有比物权更高的排他性。例如,依照物权的有关法律规定,对特定的有形物,标的物所有者的所有权是唯一的、排他的,但所有权人无权禁止其他人获得与该标的物完全相同的标的物,如相同的衣服、背包、鞋子、电脑等。但是,知识产权的客体具有唯一性,一项知识产权只能授予一个权利人。以专利权为例,《专利法》明确规定“同样的发明创造只能授予一项专利权”,即使是同一申请人在同一天对同样的发明创造既申请实用新型专利又申请发明专利的,申请人必须做出选择,除非其声明放弃该实用新型专利权,否则,其发明专利申请也不能被授予发明专利权①,《商标法》中也有类似的规定②。

三、地域性

地域性,指一个国家法律所保护的某项知识权利只在该国地域范围内具有法律效力。知识产权的地域性是一项基本制度,但并不影响国家之间签订国际公约或双边互惠协定,对彼此国家范围内的知识产权相互给予同等的保护,因此,知识产权的地域性是基础,在一定条件下又具有国际性。

知识产权的地域性特点,说起来很简单,但如何准确理解和把握,在讨论具体问题时,理论界和司法实务均有分歧,甚至对相同的法律争议得出截然相反的结论。

【实例】涉外定牌加工中的商标侵权争议

涉外定牌加工,是指在来料加工、来样加工、来件装配业务中,我国加工企业接受境外商标权人或商标使用权人的委托,按照其要求加工产品,贴附其提供的商标,并将加工的产品全部交付给境外委托人,境外委托人根据约定向国内加工企业支付加工

① 《专利法》第9条第1款。
② 《商标法》第31条。

费，贴牌加工的产品不在境内销售的一种国际贸易形式。在涉外定牌加工中，如果外国委托方提供的商标与我国的某一个注册商标相同或者近似，这种情况下的定牌加工行为是否构成商标侵权，在理论界和实务界长期存在分歧，而且争议很大。

一种观点认为，只要未经国内商标注册人许可，在同一种或者类似商品上标注了与注册商标相同或者近似的商标，就侵犯了中国商标权人的商标权，应当停止侵权。

但是，还有一种观点认为，由于涉外定牌加工的产品均出口，不在国内销售，国内的消费者不会发生混淆的可能，不构成商标侵权。最高人民法院在审理江苏常佳金峰动力机械有限公司（简称“常佳公司”）因与被申请人上海柴油机股份有限公司（简称“上柴公司”）侵犯商标权纠纷一案中，就是支持这种观点。在该案中，上柴公司系我国注册商标“东风”文字和图形组合商标的商标权人，商标注册证第100579号、第624089号，核定使用商品为柴油机、内燃机配件等。印度尼西亚企业PTADIPERKASABUANA（简称“印尼PTADI公司”）是一家在印度尼西亚注册成立的公司，在印度尼西亚申请注册“DONGFENG（东风）”商标，核准使用商品为各种电动发电机、交流发电机、柴油发动机和柴油发电机等。2013年10月，常佳公司与印尼PTADI公司签订一份委托书，印尼PTADI公司委托常佳公司以“DONGFENG（东风）”商标及标志生产柴油机及柴油机组件。委托书同时声明，所有产品均出口至进出口商，由印尼PTADI公司在印度尼西亚销售。

上柴公司提起诉讼后，常州市中院法院认为，上柴公司系我国柴油机商品上“东风”注册商标的商标权人，基于商标权的地域性，上柴公司在我国对涉案商标享有商标专用权。常佳公司主张其根据印度尼西亚商标权人的委托，依照委托人提供的印度尼西亚商标证书、生产制造涉案柴油机配件且全部出口印度尼西亚，在我国境内不进入市场流通领域的附加商标行为，在我国境内不具有识别商品来源的功能，因而不构成商标法意义上的商标使用行为，故常佳公司的行为未落入上柴公司涉案商标权的保护范围，不构成侵权。

上柴公司不服一审判决结果提出上诉，江苏省高院撤销一审民事判决，二审改判常佳公司的行为构成商标侵权。常佳公司不服二审判决结果，向最高人民法院提出再审申请。

最高人民法院认为，商标的本质属性是其识别性或指示性，基本功能是用于区分商品或者服务的来源。一般来讲，不用于识别或区分来源的商标使用行为，不会对商品或服务的来源产生误导或引发混淆，以致影响商标发挥指示商品或服务来源的功能，不构成商标法意义上的侵权行为。常佳公司与印尼 PTADI 公司签订委托书接受该公司委托，依据印尼 PTADI 公司合法拥有的商标权生产柴油机及柴油机组件，并将产品完全出口至印度尼西亚销售。在常佳公司加工生产或出口过程中，相关标识指向的均是作为委托人的印尼 PTADI 公司，并未影响上柴公司涉案注册商标在国内市场上的正常识别区分功能，不会导致相关公众的混淆误认。因此，最高人民法院判决撤销江苏省高院的二审判决，维持常州中院的一审民事判决①。

上述案件中，最高人民法院认定常佳公司的行为不构成商标侵权，核心观点是常佳公司在定牌加工中将印尼 PTADI 公司提供

① 最高人民法院(2016)最高法民再 339 号民事判决书。

的商标贴附于商品及商品包装上的行为，不属于我国商标法中的“商标使用”。另外，最高人民法院还强调指出，常佳公司所用的涉案“DONGFENG(东风)”商标系委托方印尼PTADI公司“合法拥有的商标权”，这种观点也成为各地法院审理涉外定牌加工案件是否构成商标侵权的一个重要考量。

在英佩克斯金属股份有限公司(简称“英佩斯克”)起诉宁波海田控股集团有限公司(简称“海田公司”)侵害商标权纠纷一案中，海田公司就是以涉外定牌加工不构成商标侵权为由提出抗辩。但青岛中院审理认为，国内定牌加工方根据境外委托方授权在国内加工生产的产品上贴附境外委托方商标的行为，是否属于商标法意义上的使用行为，是否侵犯国内相关权利人的商标权，需考虑以下因素：(1)境外委托方在目的国是否拥有正当合法的商标权，(2)产品是否全部出口该目的国，(3)国内加工方是否尽到必要、合理审查注意义务。只有上述条件均予以满足的情况下，才能认定境内加工方的生产加工行为不属于商标法意义上的商标使用行为，不构成侵犯商标权。在该案中，海田公司在涉案产品上使用的商标标识与其经印度公司(委托方)授权使用的商标并不完全相同，委托方在印度取得的注册商标核定使用商品种类与涉案产品也不相同或类似，因此，海田公司对于其在涉外定牌加工中使用“FLTBULL”的行为并未尽到必要、合理的审查注意义务，其使用行为构成商标法意义上的使用，因此，法院认定海田公司的行为侵犯了原告的注册商标专用权①。

在前一个案件的二审程序中，江苏省高级人民法院也是以

---

① 青岛市中级人民法院(2017)鲁02民初1014号民事判决书。

“未尽到合理注意与避让义务”为由，认定常佳公司的行为构成商标侵权。江苏省高级人民法院认为，虽然常佳公司接受印尼PTADI公司的订单生产加工的产品全部出口至印度尼西亚，可以认定其行为属于涉外定牌加工行为，但常佳公司明知上柴公司涉案“东风”商标为驰名商标，仍然接受境外委托，在被控侵权产品柴油机及柴油机组件上使用与上柴公司“东风”商标相同的商标，未尽到合理注意与避让义务，实质性损害了上柴公司的利益，侵犯了上柴公司的注册商标专用权①。

实际上，根据商标的地域性原则，我国《商标法》只保护在中国申请注册的商标，对所有非注册商标②，无论委托方的商标标识在国外是否申请了注册，其所称的“商标”都不受我国《商标法》的保护。最高人民法院在该案件中认定常佳公司所用的商标系委托方印尼PTADI公司“合法拥有的商标权”，属于对商标的地域性问题存在认识错误。再进一步说，如果在其他国家已经注册的商标“定牌加工”不属于商标侵权，则使用未注册商标标识的“定牌加工”同样不构成商标侵权，两种“商标”在我国的法律性质是一样的。如果按照委托方是否在国外申请商标注册，将定牌加工行为进一步细分而作出不同侵权认定的观点，是在商标的地域性问题再次出现错误认知，恰如被相同的石头绊倒两次。

2019年9月，最高人民法院再一次提审一起涉外定牌加工引起的商标侵权纠纷案件。在该案中，最高人民法院首先纠正了此

① 江苏省高级人民法院(2015)苏知民终字第00036号民事判决书。

② 补充说明：驰名商标可以受到法律的特别保护，只是特例，不受此限制。

前对“商标使用”的错误认识，认为涉外定牌加工的受托方在生产制造或加工的产品上以标注方式或其他方式使用了商标，只要具备了区别商品来源的可能性，就应当认定该使用状态属于商标法意义上的“商标的使用”。不仅如此，最高人民法院郑重申明：商标权作为知识产权，具有地域性，对于没有在中国注册的商标，即使其在外国获得注册，在中国也不享有注册商标专用权，与之相应，中国境内的民事主体所获得的所谓“商标使用授权”，也不属于我国商标法保护的商标合法权利，不能作为不侵犯商标权的抗辩事由①。最高人民法院的这种最新审判意见，正确理解和把握了商标的地域性原则，而且知错就改，还是值得肯定。

不仅如此，最高人民法院还结合该案件所涉及的争议问题，对新形势下我国知识产权的司法政策导向和商标法的基本精神等问题作出大篇幅的论述，这在以往的审判实践中是非常罕见的。我国经济由高速增长阶段转向高质量发展阶段，面临着经济发展全球化程度不断加深，国际贸易分工与经贸合作日益复杂，各国贸易政策冲突多变的形势，人民法院审理涉及涉外定牌加工的商标侵权纠纷案件，应当充分考量国内和国际经济发展大局，对特定时期、特定市场、特定交易形式的商标侵权纠纷进行具体分析，准确适用法律，正确反映“司法主导、严格保护、分类施策、比例协调”的知识产权司法政策导向，强化知识产权创造、保护、运用，积极营造良好的知识产权法治环境、市场环境、文化环境，大幅度提升我国知识产权创造、运用、保护和管理能力。自改革开放以来，涉外定牌加工贸易方式是我国对外贸易

① 最高人民法院(2019)最高法民再138号民事判决书。

的重要方式，随着我国经济发展方式的转变，人们对于在涉外定牌加工中产生的商标侵权问题的认识和纠纷解决，也在不断变化和深化。归根结底，通过司法解决纠纷，在法律适用上，要维护法律制度的统一性，不能把某种贸易方式（如本案争议的涉外定牌加工方式）简单地固化为不侵犯商标权的除外情形，否则就违背了商标法上商标侵权判断的基本规则，这是必须加以澄清和强调的问题①。

四、时间性

时间性，即任何国家的法律对各项知识权利的保护，都规定有一定的有效期，各国法律对保护期限的长短并不完全相同。以外观设计专利权为例，其保护期限在各国法律中不尽相同：有的国家直接规定一个的保护期限，例如，我国目前的外观设计的保护期限是 10 年②，在日本的保护期为 15 年，在德国的保护期限为 20 年，在美国的保护期限为 14 年；在另一些国家，如英国，其保护期为 5 年，但可延长 4 次，每次 5 年。在法国，其保护期限为 25 年，经注册人声明还可延长 25 年。另外，保护期限的起算时间也不一致，有的国家自申请之日起算，如中国、德国、法国等，有的国家自核准注册之日起算，如日本、美国、英国等。

---

① 最高人民法院（2019）最高法民再 138 号民事判决书。

② 补充说明：截至 2020 年 4 月，我国目前正在考虑修改《专利法》，外观设计专利的保护期限拟延长至 15 年。

第四节　知识产权的再认识

知识产权的概念被引入我国的时间并不长，却成为我国民法中一项基本的民事权利，在民事法律中占有重要地位。根据我国的民法理论，民事权利包括物权、债权、人身权、知识产权、继承权和投资性权利（股东权），民法理论中的民事权利框架见图4－6。

- 民事权利
  - 物权
    - 所有权（占用、使用、收益、处分）
    - 他物权
      - 担保物权
      - 用益物权
    - 准物权
  - 债权
    - 合同之债
    - 侵权之债
    - 无因管理
    - 不当得利
  - 知识产权
    - 著作权
    - 工业产权（详见知识产权分类表）
  - 人身权
    - 人格权
    - 身份权
  - 继承权
    - 法定继承
    - 遗嘱继承
  - 股权
    - 自益权
    - 公益权

图4－6　民事权利框架

知识产权与其他民事权利既有本质区别，又有密切联系。首先，知识产权是一项非常独特的民事权利，既具有物权属性，又具有人身权属性；既可以是继承的标的，也可以用于出资而转化为股东权。其次，知识产权法具有一般法律的通用属性，但其保护客体却是不同平常的、具有创造性的智力成果，是程序通用性和客体专有性的有机结合。

一、知识产权法与一般法律的比较

我国的民法体系包括知识产权法，但是，知识产权法与一般法律还是存在很大不同。

（一）知识产权法在程序公平的基础上，依法赋予权利人一种垄断权利，强调其权利客体的排他性，未经权利人许可，其他人均不得实施权利人依法享有的知识产权。因此，知识产权法的目的是突出保护每一个权利人独特的、与众不同的权利。

法律是一种通用、具有普遍适用效力的行为规范，对所有人都一视同仁，强调“法律面前人人平等”，反对任何人在法律面前享受特权。为了预防和制止垄断行为，保护市场公平竞争，我国于2007年8月制定了《反垄断法》，明确规定经营者“不得滥用市场支配地位，排除、限制竞争”，但是，经营者依法行使知识产权的行为，不适用《反垄断法》的规定[①]。

（二）知识产权法在规范管理知识产权的申请和授权程序的基础上，赋予知识产权权利人一种独占性权利，以此促进技术进步、产品或者服务的提高或者文化艺术的创造，更像是一种积极

---

① 《反垄断法》第6条、第55条。

的奖励政策,承担着“激励先进、带动整体”的刺激作用。而法律的目的是规范管理,维持正常的社会秩序,就像一个班级的课堂纪律,禁止任何人破坏课堂秩序,更像一种拒绝破坏的维稳模式,以期为班级提供一个安静、有序的学习环境。

(三)知识产权法的重要职能是规范企业间的市场竞争行为,一方面鼓励技术创新等正当竞争行为,同时反对任何形式的不正当竞争,维护正常的市场竞争秩序。如有多个民事主体对同一项知识产权客体提出申请时,按照“在先申请”原则,知识产权一般授予最先提出申请的权利人①,因此还衍生出知识产权的优先权原则。其他法律往往旨在规范企业和个人特定的民事行为,在涉及企业和个人相互之间的相同性质的民事权利时,应当秉承公平公正的原则,平等维护交易双方的合法权益,任何一方均不享有相对于另一方的优先权。

二、知识产权与技术创新

在很多场合,知识产权往往与技术创新相提并论,其实,知识产权与技术创新有很大不同。

首先,技术创新与知识产权具有非常密切的联系。凡有商业价值的技术创新,权利人都会将技术方案作为知识产权进行保护,基本上采取两种保护模式:一是申请专利,二是作为商业秘密保护;没有作为知识产权进行保护的技术创新成果,基本可以判断其不具有很高的商业价值,很难说是一项真正意义上的技术

① 补充说明:部分知识产权不适用此原则,而且有的国家适用“在先使用”原则确定知识产权的归属。

创新。

其次,知识产权依法具有排他性,而技术创新不具有排他性。一项技术创新申请专利后,权利人就对其技术方案依法享有一种垄断权利,并具有法律强制性,有权禁止其他人擅自使用。如果没有申请专利(包括以商业秘密保护形式存在),技术创新就只是一种事实的存在,并不具有排除其他人独立获得和使用相同技术的权利。因此,即使是一项独立开发的技术创新,如果技术方案与其他人的在先专利技术方案基本相同,开发者自己不得实施该技术创新;在特定的情况下,开发者也只能在原有范围内继续制造、使用其技术方案[①]。

最后,技术创新是否申请专利,是判断该技术创新是否具有实用性的最简便、最有效的判断方法。依照《专利法》的相关规定,授予专利权的发明和实用新型,应当具备新颖性、创造性和实用性[②]。因此,专利申请技术应当具有实用性是一项基本要求,换句话说,获得专利授权的技术方案基本确定具有实用性,而未申请专利的技术创新未必具有实用性。以 2019 年报道的南阳青年汽车集团的车用“水氢发电机”为例,据报道,所说的“水氢发动机”可以实时制取氢气,车辆只需加水即可行驶。南阳市委书记曾到该项目视察并现场办公,对该项目提出很高期望,称:“氢能源汽车项目是一个科技含量高、附加值高、市场前景好的重大项目,是高质量建设具有较强吸纳集聚能力和重要影响力的大城市的有力支撑,将有力地提升我市(南阳)在新一轮发展中的核心竞

---

① 《专利法》第 69 条第 2 项。

② 《专利法》第 22 条第 1 款。

争力[①]。”另据报道,南阳市政府2018年与青年汽车集团签订合作协议,青年汽车集团的南阳项目总投资额83.16亿元,其中南阳市政府平台出资40亿元[②]。

但是,外界很多人质疑青年汽车集团提出的“实时制取氢气”技术方案,并怀疑该公司以不可靠的技术项目骗取政府投资和补贴。面对多方质疑,有支持青年汽车集团的人士声称,青年汽车集团的技术方案在技术上是可行的、经得起科学推敲,其技术方案的本质是电解水制氢气(也有说铝水反应制氢气)。支持方和质疑方各执一词,争执不已。其实,这两种技术方案,无论是电能还是金属铝,都需要经过前置的工业制备程序,都不适合在通用汽车中作为制备氢气能源的基础原资料,这两种“技术方案”的关键问题均在于明显缺乏实用性。以电解水制备氢气为例,如果有足够的车载电源,那完全可以直接用于驱动汽车前行的动力;若选择利用车载电源电解水制备氢气,再燃烧生成热能作为汽车动力,岂不是画蛇添足之举?因此,青年汽车集团所谓的“技术创新”就是一个噱头而已,是一种伪技术创新。

三、知识产权与物权

知识产权与物权同属于民事权利的范围,都是一种对世权,即未经权利主体授权,任何人均不得擅自行使其权利。知识产权

---

① 《水氢发动机在南阳下线　市委书记点赞》,载新浪财经:http://finance.sina.com.cn/stock/jhzx/2019-05-23/doc-ihvhiews4113529.shtml?luicode=10000011&lfid=1076033710258141,最后访问日期:2020年5月5日。

② 《河南南阳水氢发动机汽车事件敲响政府决策警钟》,载法制网:http://www.legaldaily.com.cn/The_analysis_of_public_opinion/content/2019-06/03/content_7894428.htm,最后访问日期:2020年5月5日。

与物权的比较，见表4－3。

表4－3　知识产权与物权的比较

序号	项目	知识产权	物权
1	权利客体	无形的智力创造性成果和标记性成果	有体物，包括动产与不动产，他物权的客体还可以包括权利
2	时间性	有保护期限；保护期届满，权利归于消灭	原则上是永久的，与其客体同生灭
3	地域性	有地域性	不受地域的限制
4	权利属性	具有财产权和人身权双重性	单纯的财产权，不包含人身权
5	客体的唯一性	相同的知识产品在同一个国家或者地区只能由一个人享有知识产权	相同的有形物则可由各自的主体享有各自独立的物权
6	权利行使	权利法定	可以通过事实占有实现对客体的支配

此外，在我国，知识产权的获得，权利人通常应当向有关的国家机关提出申请，经审查或者核准之后才能享有相应的知识产权。对相同的申请事项，适用“先申请原则”（或者先登记原则），由申请在先的权利人享有该项知识产权，但有少部分国家适用“先使用原则”确定知识产权的归属。另外，作品的著作权适用“自动保护原则”，无论相关作品是否发表，均可依法享有著作权①。

① 《著作权法》第2条第1款。

四、知识产权与债权

债权通常包括合同之债、侵权之债、不当得利、无因管理四种类型,是债权人对特定相对人就特定事项依法享有的一项请求权,原则上不能及于其他人,因此,债权的典型特征是具有相对性。知识产权与债权的比较,见表4－4。

表4－4 知识产权与债权的比较

序号	项目	知识产权	债权
1	权利客体	智力创造性成果	财产上的请求权
2	时间性	有保护期限;保护期届满,权利归于消灭	有期限,无期限债权在法律上没有任何意义
3	地域性	有地域性	不受地域的限制
4	权利属性	具有物权属性,包括财产权和人身权双重性,可以对抗任何其他人	相对性,债权人只能向特定的债务人主张权利,不得向债务人以外的第三个人主张权利
5	客体的唯一性	相同的知识产品在同一个国家或者地区只能由一个人享有知识产权	债权具有相容性和平等性,同一标的物上可以成立内容相同的数个债权,并且其相互间是平等的,在效力上不存在排他性和优先性
6	权利行使	权利法定	合同约定＋责任法定

第五节　知识产权的重要性

美东时间 2020 年 1 月 15 日，我国与美国在华盛顿签署中美贸易纠纷的第一阶段经贸协议，第一章就是关于知识产权问题，涉及协议条款达 36 条，内容约占全部经贸协议条款的 20%，说明知识产权问题是中美之间经贸谈判的焦点问题之一，也充分体现出知识产权在国际贸易中的重要程度。

据不完全统计，截至 2020 年年初，已通过并生效的世界性的知识产权国际公约有 28 个，我国已经加入的与知识产权保护的有关国际公约有 15 个，重要的国际公约有《保护工业产权巴黎公约》、《保护文学和艺术作品伯尔尼公约》、《世界知识产权组织版权条约》(WCT)、《世界知识产权组织表演和录音制品条约》(WPPT)、《与贸易有关的知识产权协议》(TRIPs)。特别是 TRIPs，这是世界贸易组织(WTO)成立后、各成员国共同签署的关于知识产权保护的重要协议，是世界贸易组织主导签署的几份核心文件之一，足以说明知识产权在国际贸易中的重要地位，这是其他任何民事权利都无法比拟的。

知识产权为何受到如此高度重视？究其根源，还与知识产权的本质属性有关。知识产权，是以法律的形式赋予企业一定期限的垄断权利，这种垄断权利可以使企业在与同行业的其他企业的市场竞争中具备比较优势，更容易在国内和国际市场竞争中占有优势地位。换句话说，知识产权就代表着一个企业的核心竞争力，意味着企业能在市场竞争中占领更大的市场份额，其他民事权利都无法起到这样的功效。有人说，“明晰产权靠物权、保障交易靠债权、市场竞争靠知识产权”，就很形象地概括出知识产权的重要作用。

我国早在1994年就充分认识到知识产权保护制度对于经济发展和促进科学技术进步、文化繁荣具有重要意义和作用，并将保护知识产权作为我国改革开放政策和社会主义法制建设的重要组成部分。[①] 2005年年初，国务院成立了国家知识产权战略制定工作领导小组，并于2008年6月印发《国家知识产权战略纲要》，将知识产权保护工作上升为国家战略的高度，是我国仅有的三个国家战略之一。在国务院的带动下，各省级、市级政府也根据本地区的实际情况，制定并陆续出台了相应的知识产权战略纲要，充分体现了我国各级政府对知识产权保护工作的高度重视。

在当前热门的“互联网+”的创业环境中，创业企业一般具有企业规模小、产品单一、组织架构扁平化、管理流程简单的运营特点，核心技术对企业未来发展的作用更为显著，甚至可以说是创业企业进入市场的敲门砖。一般而言，知识产权是企业价值的主要组成部分，对处于创业期、企业规模不大、又缺乏资金支持的创业企业而言，知识产权是可以体现创业企业未来价值的最重要资产。因此，创业投资企业在选择创业企业项目时，应当特别关注创业企业拥有的核心技术及相关的知识产权问题，这既能用于衡量和评判创业企业自身的资产价值和风险防御能力，也决定着创业投资企业的投资是否安全、能否实现投资目标。

---

① 国务院新闻办公室1994年6月16日发表的《中国知识产权保护状况》白皮书。

在经济全球化和市场竞争日趋激烈的大环境下，知识产权作为企业核心竞争力的作用会越来越明显，并直接决定着企业的未来发展潜力，因此，在未来的一段时间内，知识产权对企业发展的重要性只会越来越强，不会弱化。

第五章　知识产权尽职调查(上)

第一节　知识产权尽职调查的现状

鉴于知识产权在国际贸易和市场竞争中的重要作用,在投资并购、企业上市等重大交易活动中,知识产权问题也引起人们越来越多的关注。

目前通常的做法,知识产权问题只是被列为法律尽职调查的一部分,是法律尽职调查内容的几大板块之一,知识产权调查的程序、方法和原则,均适用法律尽职调查的相关规定。

知识产权问题的调查范围,可以参考本书第四章第二节中知识产权范围的详细介绍。在实务中,除非委托方对尽职调查事项有特殊的需求,知识产权调查通常会围绕专利权、商业秘密、商标权三种主要的知识产权(工业产权)展开。

一、专利权尽职调查的内容

专利权尽职调查包括专利申请和专利授权情况、专利权属、法律状态、许可和被许可情况、涉诉情况及法律风险等方面内容,具体包括:

(一)申请中的专利信息,内容包括专利申请的类型、专利名称、专利申请号、申请日期、公开(告)号、公开(告)日期、专利申请受理通知书、进入实质审查通知书、审查意见通知书等官方发文及缴费凭证等。

(二)已获授权的专利信息,内容包括专利证书、专利登记簿副本、授权文本、授权日期、有效期限、法律状态、年费缴纳凭证等。在知识产权尽职调查中,应当时刻铭记"细节决定成败"原则,例如专利年费的缴费问题,很多律师都不在意这种细节,但是,目标企业是否及时缴纳专利年费,直接决定着相关专利权是否继续有效,应当予以高度重视。

(三)专利技术的来源调查,并根据情况进一步核查:如属于自行研发的,应按照职务发明的相关规定,审查职务发明归属协议、目标企业的职务发明管理规定等内容;如属于通过委托开发或合作开发的,应审查委托开发协议、合作开发协议、权利归属相关条款或协议等内容;如属于通过受让取得的,应审查转让协议、转让登记证明、专利著录变更证明、变更公告、转让费支付凭证等内容;如属于股东作价出资的,应审查股东的专利权属证明、章程和出资协议、出资登记或者备案、专利权评价报告等事项。

(四)专利许可情况,包括目标企业许可第三人使用专利、或者被许可使用专利两种情况。如存在专利许可使用,应审查专利权人的专利权属证明、许可使用协议、许可使用合同备案证明、许可使用费支付凭证、被许可使用的权利范围、被许可的类型及使用期限等内容。

(五)与专利权有关的诉讼、仲裁等涉诉情况,还包括是否存在专利权无效宣告情形或者存在专利权质押等可能影响专利权自由处分的其他情形。

【实例】

2010年1月22日,证监会审核通过了苏州恒久光电科技股份有限公司(简称"恒久光电公司")的企业上市申请;3月9日,恒久光电公司开始网上发行,并计划在3月19日登陆创业板。

2010年3月18日晚,就在公司股票上市前夜,苏州恒久公司发布公告称,有关监管部门要求保荐机构就媒体报道的专利权终止问题进行核查,公司股票暂缓上市。

恒久光电公司的股票上市计划被监管部门紧急叫停,原因就是律师在法律尽职调查中未尽到谨慎义务,对恒久光电公司享有的专利权法律状态作出误导性陈述。律师在其2010年3月1日的《补充律师工作报告》中声称,"经本所律师核查,发行人现合法拥有与其生产经营相关的专利和专有技术的所有权或使用权,现有的核心技术不存在需要得到他人许可或受他人限制的情形,也不存在被控股股东、实际控制人或其他关联方无偿占用的情形"。但是,监管部门调查发现,就在当年2月24日,国家知识产权局网站公布,苏州恒久公司拥有的有机光导管体(1)~(4)四项外观技术专利权已被终止,同时终止专利权的还有一项有机光导体管实用新型技术专利,终止原因为未缴纳专利年费。

由于律师在法律尽职调查过程中这一小小失误，苏州恒久公司被暂停上市，当年6月11日，创业板发审委重新审核苏州恒久公司的首发申请，最后苏州恒久公司的首发许可被撤销，申购款依法全部返还证券持有人，苏州恒久公司因此遭受巨大经济损失，在苏州恒久公司申请上市前对其进行股权投资的战略投资者的愿望落空，投资时间成本增加、预期收益率大幅下降，教训非常深刻。

二、商业秘密尽职调查的内容

商业秘密包括经营秘密和技术秘密，其中技术秘密与专利技术不同，属于非公开的专有技术信息，其尽职调查内容有自己的特色：

(一)商业秘密内容的证据资料，即商业秘密的载体，如技术档案、图纸、技术规范、文档等。

(二)商业秘密的保密措施，包括员工保密协议、竞业禁止协议、商业秘密管理制度、技术归档和档案借阅管理制度等。

(三)商业秘密的来源和形成记录，包括研发项目立项、研发记录、试验记录、试产记录等。如属于受让取得的商业秘密，应审查转让协议、转让费支付凭证、技术资料交接手续等内容。此外，调查时还应当重点关注研发的核心技术人员的工作简历、是否存在来自竞争对手的技术研发人员，是否存在技术人员可能违反其与其原单位之间的劳动合同、保密协议、竞业限制协议约定的内容等情况。

(四)商业秘密是否存在对外许可使用情况，如有，则需要对许可使用协议、许可使用期限、许可的类型、许可使用的权利范围及限制、被许可方是否履行保密措施等内容进行审查。

三、商标权尽职调查的内容

商标权尽职调查的内容包括注册商标的权属状况、法律状态、许可情况、涉诉情况及其他法律风险等方面。

(一)注册商标的基本信息,包括注册类别、商标号、商标样式、申请日期、注册期限、续展情况、核准注册的商品或服务内容、许可情况等。如果申请注册国际商标的,需要审查申请国的商标受理文件、申请注册文件、注册申请类别、国际商标权属证明和缴费凭证等。

(二)商标设计图案的来源调查,并根据情况进行进一步核查:通过委托设计、合作设计取得商标标识的,需要对委托协议、合作协议及权利归属内容进行审查;通过受让取得商标申请权或商标权的,需要对转让协议、转让登记证明、商标变更证明、转让费支付凭证等内容进行审查;属于股东作价出资的,需要对投资协议和章程、股东对该商标享有合法商标权、商标权出资的方式和时间以及与商标权出资有关的登记或者备案情况等内容进行审查。

(三)商标权许可或被许可使用情况,应审查许可使用协议、许可使用期限、许可的类型、许可使用的权利范围、许可使用费支付凭证、许可合同备案情况等内容。对基于许可使用而享有商标使用权的情形,应当特别注意许可使用的前提条件和合同终止的约定条款,并依此判断商标权许可使用的有效性和稳定性。

(四)是否存在与商标权有关的诉讼、仲裁等涉诉情况,或者商标权无效程序,或者存在商标权质押等可能影响权利自由处分的其他情形。

【实例】

江西天施康中药股份有限公司(以下简称“天施康公司”)是一家全国重点中成药开发、生产企业,于2002年12月30日经江西省股份制改革和股票发行联审小组批准、由江西省医药集团公司对所属全资企业江西余江制药厂、江西省贵溪制药厂、江西弋阳制药厂、江西省鹰潭市医药公司以及控股子公司江西珍视明药业有限公司实行改制,与香港杜比奥发展有限公司、浙江金华康恩贝生物制药有限公司、浙江博康医药发展有限公司、吴朝阳等11位自然人共同发起设立的拟上市股份公司,公司注册资本为人民币1亿元。

天施康公司是江西省政府确定的建立现代企业制度四家重点试点单位和省级高新技术企业,公司自成立之后就大力推行科技创新,建立规范的法人治理结构,夯实企业内部基础管理,经济效益稳步提升。天施康公司的六大主导产品全部获得高新技术产品认证证书,包括珍视明滴眼液、肠炎宁薄膜包衣片、夏天无片、复方夏天无片、夏天无针、曲安奈德鼻喷雾剂。

作为公司的重大战略,天施康公司于2007年向证监会提出企业上市申请。但是,天施康公司的肠炎宁产品为公司第二大主导产品,为公司报告期内主要收入增长的来源,而该产品使用的“康恩贝”商标所有权却属于公司股东康恩贝集团间接控股的康恩贝医药销售公司。因公司主要产品商标使用权与股东存在关联和依赖关系,天施康公司的企业上市申请被否,导致上市失败。

【实例】

2017年,南京我乐家居股份有限公司(简称“我乐家居公司”)向证监会提出企业上市申请。但是,6月13日,我乐家居公司发布公告称,铁岭市银州区勇蒂广告传媒有限公司(简称“原告”)已经向辽宁省沈阳市中级人民法院提起诉讼,要求我乐家居公司停止商标侵权行为并赔偿经济损失。原告自称是“我乐”注册商标权人,于2013年12月7日由原国家工商行政管理总局商标局正式授权,核定使用商品为定做材料装配(替他人);金属处理;木器制作等(第40类)。原告认为,我乐家居公司及其子公司在销售定制产品时使用了原告所拥有的“我乐”商标,造成了对原告“我乐”注册商标的混淆,侵犯了原告合法的商标权。

无论我乐家居公司如何辩解,本次诉讼事项对我乐家居公司首次公开发行股票并上市构成了很大的负面影响,根本原因就在于我乐家居公司对其使用的“我乐”商标未依法取得商标使用权,律师在申请企业上市的法律尽职调查中也没有调查和事先提示这种风险。

第二节 知识产权尽职调查中存在的问题

按照一般人的通常认识,在企业并购之前,只要委托专业律师进行了审慎的法律尽职调查,并且律师本着严谨、负责的态度进行了尽职调查,没有出现前文中提到的任何疏忽或者调查遗漏等“不尽职”现象,企业并购项目就是安全的、不会产生法律诉讼或者其他法律纠纷。但实际情况并非如此,实务中,已经有多起企业并购或者投资案例,投资方根据律师的法律尽职调查报告决定收购目标企业之后,仍然面临第三方提出的知识产权侵权诉讼和索赔,并因此遭受巨大的经济损失。

【实例】

2019年10月21日,广东科达洁能股份有限公司(简称“科达洁能”)发布公告,称其控股子公司江苏科行环保股份有限公司(简称“江苏科行”)于2019年10月18日收到江苏省南京市中级人民法院寄送的《传票》《应诉通知书》等法律文书,江苏新世纪江南环保股份有限公司(简称“江南环保”)以江苏科行、科达洁能及相关子公司侵害技术秘密为由向法院提起诉讼。

江南环保与江苏科行同属环保行业,主营业务均涉及环保脱硫脱硝装置的研发、生产等,双方为环保行业的竞争对手。因存在部分职工从江南环保离职后前往江苏科行工作的情形,江南环保以侵害技术秘密为由起诉江苏科行及相关公司。

江南环保认为,江苏科行以利益诱惑等不正当手段招揽其业务环节的骨干人员,通过江南环保的技术人员非法获取其技术秘密;科达洁能通过收购江苏科行,为江苏科行大规模实施侵权行为整合资源,提供人员帮助,同时享受了由此带来的利益;安徽科达洁能(科达洁能控股子公司)与被告江苏科行共同实施侵权行为。因此,江南环保请求法院判决科达洁能等立即停止侵害原告技术秘密的行为;赔偿经济损失9500万元,并承担连带责任;要求科达洁能共同承担江南环保为调查制止其侵权行为所支付的合理费用100万元。

涉诉的江苏科行是科达洁能于2015年收购的公司,2015年8月19日,科达洁能及北京昂拓投资发展有限公司与科行集团签订了《江苏科行环保科技有限公司股权转让协议》,科达洁能以1.8亿元人民币的价格向科行集团购买其持有的江苏科行72%的股权。交易完成后,科达洁能成为江苏科行控股股东。

科达洁能当时在公告中称,江苏科行是一家聚焦于建材等工业领域、在国内大气污染末端治理领域领先的民营企业,与科达洁能现有建材装备及洁能业务均存在较多业务协同空间。收购完成后,科达洁能得以将环保业务范围从大气污染防治的前端治理进一步延伸至末端高效治理,有助于科达洁能进一步聚焦"为节能减排提供装备与服务"的战略定位,既有业务协同,又有战略协同的外延式延伸。除此之外,本次并购有助于科达洁能进一步引领建筑陶瓷等建材行业绿色健康发展,实现资金的高效利用。

在收购之后,科达洁能就对江苏科行进行了资金支持,为江苏科行向江苏大丰农村商业银行股份有限公司申请不超过1亿元人民币综合授信额度、向广东顺德农村商业银行股份有限公司陈村支行申请不超过2亿元人民币综合授信额度、向中国银行股份有限公司盐城分行申请不超过2亿万元人民币综合授信额度提供信用担保,担保期限均为两年。

公开资料显示,江南环保是江南环保集团旗下企业,主要业务包括脱硫、酸性气处理、FCC尾气处理、脱硝、除尘等烟气治理工程提供从设计、建设到运营服务的先进整体解决方案。公司拥有化工工程甲级设计资质、环保工程甲级设计资质和环保设施甲级运营资质,具备EPC工程总承包、特许经营及承包运行等资质,是国家高新技术企业、中国氨法脱硫标准的第一起草单位。江南环保自己披露的招股书声称,该公司拥有核心技术的自主知识产权包括氨法脱硫技术、超声波脱硫除尘技术、高效去除酸性气硫化物技术、催化裂化烟气一体化处理技术等,对于本次诉讼公告中提及的脱硫脱硝装置的研发、生产均是江南环保的核心技术。

科达洁能自2015年收购江苏科行之后,在业绩承诺期内,虽然江苏科行的营收规模不断扩大,但是净利润水平却出现了下滑,业绩承诺履行完成情况并不理想。到2018年,刚度过了业绩承诺期,江苏科行就出现了6000多万元的亏损。如今,科达洁能又因为江苏科行被提起巨额的索赔诉讼,如果败诉,则会面临"赔了夫人又折兵"的窘境。

在企业申请股票公开上市过程中,这种现象也不胜枚举。在企业改制或者引入战略投资者时,每一次都涉及公司股权结构的重大变化,每次引入的投资者都会委托律师做一次独立的法律尽职调查;拟上市企业在向证监会递交股票公开上市申请时,律师的专项法律意见书也是必备文件,尽管如此,仍有多家企业在股票发行审核阶段,因出现知识产权纠纷而被长时间中止审核甚至审核否决,留给投资者非常惨痛的教训。

【实例】

乔丹体育公司前身为"福建省晋江陈埭溪边日用品二厂",于1991年申请注册"丹桥"商标,2000年改名为乔丹体育股份有限公司(简称"乔丹体育公司")。乔丹体育公司主要从事运动鞋、运动服装及运动配饰的设计、研发、生产和销售,目前已经成为国内知名品牌。乔丹体育公司申请了"乔丹""QIAODAN""乔丹体育"等一系列文字、拼音和图形组合商标,大多"乔丹"商标于

2003年前注册完成，部分商标在2007年之后申请注册。

耐克公司（旗下 Air Jordan 品牌）以侵犯迈克尔·乔丹（Michael Jordan）姓名权等为由，向国家商标评审委员会提出撤销乔丹体育公司注册的“乔丹”系列商标的多项申请，但其申请均被国家商标评审委员会驳回。（见图5-1）

图5-1 乔丹体育公司注册使用的一个商标（左）和耐克公司注册的“飞人乔丹”商标（右）

随后，2012年2月起，针对乔丹体育公司已注册的“乔丹”系列商标，迈克尔·乔丹（简称“乔丹”）本人作为原告向国家商标评审委员会提起78件撤销申请①，但撤销申请均被国家商标评审委员会驳回。乔丹随后提起行政诉讼，北京市一中院、北京市高院分别进行了一审和二审，均维持国家商标评审委员会的裁定，判决乔丹败诉。乔丹不服，对68件生效的法院判决向最高人民法院申请再审。

① 据称，乔丹自20世纪90年代起就把姓名财产权益永久性授权给美国耐克公司，乔丹本次诉讼应当获得耐克公司的认可或者授意。在我国，人身权利依法不能转让。

2015年12月,最高人民法院裁定驳回了乔丹对50件商标案件的再审申请,裁定提审10件案件,同时中止8件案件审查。

2016年12月,最高人民法院对提审的10件案件进行公开宣判,涉及拼音"QIAODAN""qiaodan"与图形组合商标的共计7件案件,法院认为乔丹对汉语拼音"QIAODAN"或者"qiaodan"不享有姓名权,判决维持北京市高级人民法院的二审判决,驳回乔丹再审申请[①];对注册号6020569号"乔丹"文字商标等3件案件,法院认为,本案现有证据足以证明"乔丹"在我国具有较高的知名度、为相关公众所知悉,我国相关公众通常以"乔丹"指代再审申请人(乔丹),并且"乔丹"已经与再审申请人之间形成了稳定的对应关系,故再审申请人对"乔丹"享有姓名权。在此情况下,乔丹体育公司并未与再审申请人协商、谈判以获得其许可或授权,而是擅自注册了包括争议商标在内的大量与再审申请人密切相关的商标,放任相关公众误认为标记有争议商标的商品与再审申请人存在特定联系的损害结果,使乔丹体育公司无须付出过多成本,即可实现由再审申请人为其"代言"等效果。乔丹体育公司的行为有违我国《民法通则》第4条规定的诚实信用原则,其对于争议商标的注册具有明显的主观恶意。依照我国《商标法》第31条的规定,最高人民法院判决撤销国家商标评审委员会作出的裁定及北京两级法院的一审、二审判决,判令国家商标评审委员会对争议商标重新作出裁定[②]。

---

① 涉及拼音"QIAODAN"商标有最高人民法院(2016)最高法行再20、29、30、31号四件案件,涉及拼音"qiaodan"与图形组合商标有最高人民法院(2016)最高法行再25、28、32号三件案件。

② 最高人民法院(2016)最高法行再15、26、27号行政判决书。

2017 年 12 月,最高人民法院对注册号 6020570 号图形商标一案作出判决,认为肖像权所保护的“肖像”应当具有可识别性,其中应当包含足以使社会公众识别其所对应的权利主体,即特定自然人的个人特征,从而能够明确指代其所对应的权利主体。如果请求肖像权保护的标识不具有可识别性,不能明确指代特定自然人,则难以在该标识上形成依法应予保护、且归属于特定自然人的人格尊严或人格利益。虽然涉案商标标识(见图 5 - 2 左)与照片中乔丹运动形象(见图 5 - 2 中)的身体轮廓的镜像基本一致,但该标识仅仅是黑色人形剪影,除身体轮廓外,其中并未包含任何与乔丹有关的个人特征。因此,再审申请人乔丹不能就该标识享有肖像权,再审申请人有关涉案商标的注册损害其肖像权的主张不能成立,驳回乔丹的再审申请[①]。

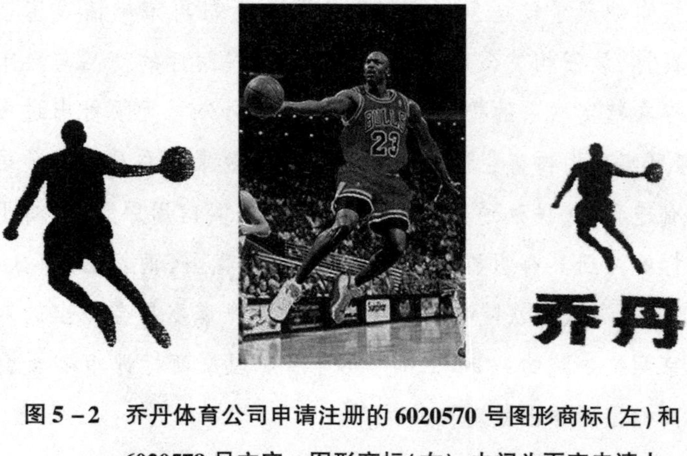

图 5 - 2　乔丹体育公司申请注册的 6020570 号图形商标(左)和 6020578 号文字 + 图形商标(右),中间为再审申请人乔丹在比赛中的照片

① 最高人民法院(2015)知行字第 332 号行政裁定书。

2020年3月,最高人民法院对6020578号"乔丹+图形"商标(见图5-2右)一案作出判决,撤销原国家商标评审委员会关于6020578号"乔丹及图"商标争议裁定,判令国家知识产权局重新作出裁定①。该争议商标是"乔丹"文字与6020569号注册商标中的商标标识相结合,属于"文字+图形"组合商标,但商标标识中突出使用文字"乔丹",依照最高人民法院对6020569号"乔丹"文字商标争议案件的审判逻辑,法院同样裁定撤销国家商标评审委员会的裁定,这种裁决结果也在意料之中。

经过长达八年的诉讼,乔丹体育公司与球星乔丹的系列诉讼互有胜负,对乔丹体育公司的未来经营会产生多大影响仍有待观察,但从乔丹体育公司投资者的角度看,这一系列马拉松式的商标诉讼案件无疑是个悲剧性消息。早在2011年11月,乔丹体育公司首次公开发行股票(企业上市)申请就获中国证监会发行审核委员会审核通过,就是因为这些迟迟不决的商标争议案件,乔丹体育公司的企业上市进程一推再推,至今仍前途未卜②。再考虑目前制造企业面临的经济环境,股票上市的时机今非昔比,投资者因此遭受的直接和间接投资损失难以估量。

【实例】

2019年11月25日,计划在科创板申请上市的安翰科技(武汉)股份有限公司(简称"安翰科技")主动向上海证券交易所撤回上市申请,原因是其正在处理的专利诉讼无法在审核时限内解

---

① 最高人民法院(2018)最高法行再32号行政判决书。

② 中国证监会2014年11月28日的新闻发布会上,中国证监会对乔丹体育公司一直未能取得上市批文一事作出解释,即"乔丹体育公司存在重大未决诉讼"。

决,上交所决定终止对安翰科技首次公开发行股票并在科创板上市的审核。

安翰科技是2019年3月22日科创板首批受理企业之一,此前已经完成四轮问询,并经历了两次审核中止。7月31日,因发行上市申请文件中记载的财务资料已过有效期,需要补充提交,上交所中止其发行上市审核,后于9月11日恢复审核。10月25日,因安翰科技及保荐人主动要求中止审核,经上交所同意后中止审核。然而,本次中止尚未恢复,安翰科技的科创板企业上市之路就画上了句号。

据安翰科技披露,安翰科技本次主动要求中止审核与其面临的专利诉讼有关。5月10日,重庆金山医疗器械有限公司、重庆金山科技(集团)有限公司(简称"重庆金山")在重庆市第一中级人民法院向安翰科技提起了8项专利侵权诉讼,安翰科技于5月28日向重庆市第一中级人民法院对重庆金山提起"因恶意提起知识产权诉讼损害责任纠纷"的诉讼,同时于6月20日向国家知识产权局对涉案全部8项专利提出无效宣告请求。

10月23日,安翰科技向上交所报送了中止审核的申请,以等待专利无效宣告请求的处理决定,从而判断专利侵权诉讼的审理结果,中止申请获上交所批准。

截至2019年11月20日,安翰科技收到国家知识产权局对全部8项涉案专利发布的《无效宣告请求审查决定书》,其中6项涉案专利的决定为"宣告专利全部无效",2项涉案专利的决定为"维持专利权有效"。安翰科技表示,针对这两项维持有效专利的诉讼将会继续进行,公司将积极应诉,同时安翰科技对重庆金山提起"因恶意提起知识产权诉讼损害责任纠纷"的诉讼也将继续进行。鉴于相关诉讼涉及公司主营业务，诉讼周期较长，预计无法在审核时限内彻底解决上述诉讼事项。安翰科技经审慎研究决定，主动撤回首次公开发行股票并在科创板上市的申请。[①]

为什么会出现这种情况？究其根本，还是人们对知识产权尽职调查存在认识不足。

首先，知识产权是个法律问题，但又不仅仅是法律问题。知识产权涉及企业生产、技术研发、人员管理、市场销售和品牌推广等多个方面。在许多知名的大企业集团中，知识产权部门和法律部门并列设置，就充分反映出知识产权管理工作与法律风险防控工作具有同等重要的地位。知识产权尽职调查不仅涉及法律问题，还涉及企业经营的生产、技术、市场营销等其他方面，与常规的法律尽职调查相比，知识产权对企业经营具有更广泛、更重要的作用。

其次，知识产权是一种无形财产，本身具有极大地不确定性，这与普通法律中的物权、债权具有显著区别，不再赘述。从资产角度说，法律尽职调查根本无须关注所调查的企业固定资产本身的真实存在问题，只是着重于调查企业资产的权属状况、权利限制或者潜在缺陷和风险等法律问题。即使法律尽职调查中发现该项资产存在重大的法律瑕疵，充其量只能说明该资产不属于目标企业的合法资产而已，但并不妨碍有第三人对该项资产依法享有民事权利，目标企业仍有可能以付出一定的成本为代价取得该资产的所有权或者消除法律瑕疵。但是，一项知识产权，如专利

---

① 顾志娟:《审核时限内无法解决专利诉讼，安翰科技撤回上市申请》，来源《新京报网》:http://www.bjnews.com.cn/feature/2019/11/25/654055.html，最后访问日期:2020年4月14日。

权，即使专利申请人目前依法享有一项专利权，但该专利权随时有可能被宣告无效。一旦宣告无效，该项专利权视为自始即不存在①。无论支付多少对价，权利人均不可能重新获得该项专利权。不仅如此，任何其他人也不可能以任何方式继续享有该专利权。而且，由于知识产权的无形性特点，其本身的经济价值很难被准确评估，常用资产评估方法（如成本折旧法、重置成本法等）也不适用于知识产权的价值评估。

因此，知识产权法是一项非常独特的法律制度，普通法律尽职调查的思路和方法并不适用知识产权尽职调查，知识产权尽职调查应当作为一种专门的尽职调查，与法律尽职调查、商业尽职调查和财务尽职调查等处于同等重要的位置。但是，目前通常的做法，知识产权尽职调查往往被列入法律尽职调查的工作范畴，知识产权只是作为法律尽职调查内容的几大板块之一，并适用法律尽职调查的程序、方法和原则。这种错误配置和定位，是造成上述现象的根本原因。

第三节　知识产权尽职调查的探析

一、知识产权尽职调查的基本概念

知识产权尽职调查，指根据委托方特定的需求和委托，对目标公司的知识产权问题进行全面的信息调查、整理和分析，进而

---

① 《专利法》第45条、第46条和第47条。

对目标公司知识产权状况和相关法律风险作出综合评判的专项法律调查活动。

总体来说,知识产权尽职调查的目的基本相同,主要有两点:一是梳理目标公司的知识产权状况,包括权利归属、权利来源、权利负担、权利内容、权利运用情况等;二是分析目标公司知识产权存在的风险,包括实施风险、交易风险、管理风险等,并对目标公司知识产权进行必要的法律分析和评判。

二、知识产权尽职调查的目的

(一)解决信息不对称问题

通过对目标公司开展知识产权尽职调查,委托方可以全面了解和掌握目标公司知识产权的权利归属、法律状态、运营情况等基本信息,避免因目标公司隐瞒信息或者提供信息不完整、不准确而给委托方造成错误认识。

(二)发现价值、揭示风险

委托方可以依据知识产权尽职调查结果,对目标公司的知识产权资产进行综合性的价值分析与风险评估,更好了解目标公司知识产权的价值和优势,并有利于发现潜在的、对目标公司未来生产经营可能产生重大不利影响的知识产权风险。

(三)调整完善商业计划

在对目标公司的知识产权资产进行全面分析及风险评估的前提下,针对调查中发现的知识产权瑕疵及其他风险因素,委托方可以适当调整或完善相关的商业计划与交易流程,最大限度避免委托方的商业和交易风险。

根据调查中发现一些可纠正的权利瑕疵,律师可以在尽职调查结束后,建议委托方或者目标公司及时采取相应的补救措施:知识产权存在权属争议的,签订补充协议予以纠正;对没有申请注册的商标,建议尽快申请注册;无法申请注册的,建议通过收购、独占授权等途径解决;等等。

三、知识产权尽职调查的基本原则

本书第三章中所述的法律尽职调查的五个基本原则(保密性原则、目标性原则、独特性原则、重要性原则和审慎性原则)同样适用于知识产权尽职调查,但是,这些原则还不够。根据委托方的不同需求和调查目的,知识产权尽职调查还可能涉及穿透性原则、对抗性原则和专业性原则。

(一)穿透性原则

所有的尽职调查都非常重视如何确定尽职调查的范围,调查范围要尽可能涵盖与调查目的相关的所有事项,这是对尽职调查的"广度"要求。与此相对应,穿透性原则要求尽职调查要具有"深度",即律师应当对搜集的知识产权书面资料进行实质性审查,通过对知识权利的实体内容进行具体分析和判断,确定目标公司的该项知识产权是否能够维持其法律效力。因此,穿透性原则也称为实质性原则。以实用新型专利权为例,我国的实用新型专利审查制度是采取初步审查登记制,在发生实用新型专利权纠纷时,法院或者专利行政主管部门可以要求实用新型专利权人提供《实用新型专利权评价报告》,作为审理、处理专利侵权纠纷的证据[①]。这种《实用新型专利权评价报告》也是国务院专利行政部

---

① 《专利法》第61条第2款。

门对该实用新型进行检索、分析和评价后作出的初步评价结果，并不具有对实用新型专利权是否维持有效的评判效力。因此，穿透性原则在知识产权尽职调查中非常必要，从某种意义上来说，国务院专利行政部门出具《实用新型专利权评价报告》也是对实用新型专利的另一种穿透性调查(初步)。

(二)对抗性原则

基于知识产权客体的唯一性，在对目标公司的知识产权进行实质性审查时，必然需要将目标公司的知识产权与现有技术或者其他人的知识产权进行比对，根据比对结果确定知识产权的效力，即对抗性原则。仍然以实用新型专利权为例，由于我国采取的初步审查登记制，相同的技术方案可能有几个权利人申请了实用新型专利权，则该实用新型专利权只能授权给最先提出申请的专利申请人，其他申请人的实用新型专利权依法无效①；也可能有其他人在目标公司提出实用新型专利申请之前已经以某种方式公开了该技术方案，则目标公司申请的实用新型专利权缺乏新颖性，在以后的专利无效程序中会被依法宣告无效②。

(三)专业性原则

知识产权虽然跨越法律、技术、经营、管理等多个企业职能部门，但从尽职调查角度说，知识产权毕竟是一项专业性很强的、非常独特的法律制度，这决定了知识产权尽职调查对于调查人员的专业性要求非常高，尤其涉及专利权尽职调查时，拥有专利代理师资格(取得专利代理师执业证更佳)的复合型律师就显示出巨

① 《专利法》第9条第1款、第2款。
② 《专利法》第22条第1款、第2款。

大的专业优势,只有文科教育背景的执业律师很难胜任高难度的知识产权尽职调查。而且,在组建知识产权尽职调查团队时,还应尽可能吸纳技术研发、生产、市场营销方面的专业人士参加,并优先选择具有跨专业背景的复合型人才,合理分工、优势互补,力求对目标公司的知识产权状况及风险作出科学准确的调查和判断。

第六章　知识产权尽职调查(下)

第一节　知识产权尽职调查的分类

如前第一章中所述,创业投资中的目标企业,一般都是高新技术企业或者创新型创业企业,知识产权成为目标企业的重要资产,尤其是技术创新,在目标企业中占有举足轻重的地位,而技术创新与知识产权中的专利权具有天然的、密不可分的联系。因此,在本章中,作者将以专利权尽职调查为样本,进一步介绍不同商业需求情况下知识产权尽职调查的流程、方法和范围。

依作者观点,根据委托方对专利权尽职调查提出的不同层次需求,从低到高可以将专利权尽职调查分为合规性尽职调查、稳定性尽职调查、实施性尽职调查和价值性尽职调查四个级别。

对于专利申请技术,在合规性尽职调查之

后紧接的是可专利性尽职调查，对应着专利权的稳定性尽职调查；对于非专利技术，不存在稳定性尽职调查或者可专利性尽职调查，只有合规性尽职调查、实施性尽职调查和价值性尽职调查三级尽职调查，详见图6－1。

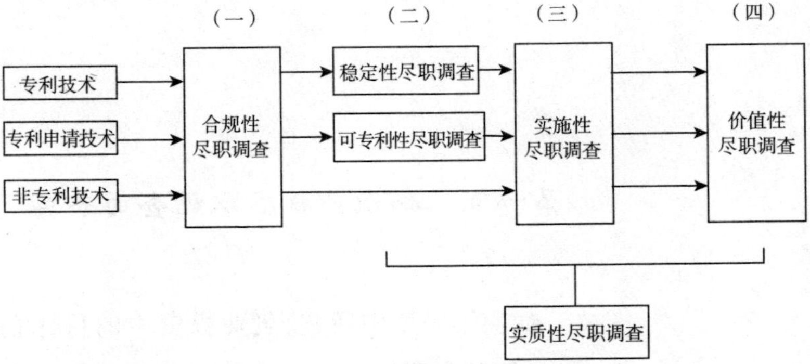

图6－1 知识产权（专利权）尽职调查分类和适用示意

第二节 合规性尽职调查

合规性尽职调查，就是对目标企业特定的经营活动是否符合目标企业所在国的法律法规、业务准则和行业规范进行的尽职调查。实际上，除非委托方提出特殊需求，所有的法律尽职调查都是一种合规性尽职调查。因此，如果委托方只要求律师对目标企业的知识产权进行合规性尽职调查，尽职调查工作完全可以适用法律尽职调查的原则、思路、方法和调查流程。

合规性尽职调查的核心原则是审慎性原则。在尽职调查中，律师应当时刻本着谨慎、尽责的工作态度，全面、客观地搜集和整理目标企业的情况和调查信息，并以律师应具备的通常专业水平进行分析和判断，揭示目标企业的资产或者经营中存在的可能引起法律风险的不足和潜在缺陷。

在企业申请企业上市过程中，政府主管部门要求拟上市企业委托律师进行法律尽职调查、并根据调查情况出具专项的律师法律意见书，就是比较典型的合规性尽职调查。在上市材料审核时，主管部门只审查企业资产形式上是否符合法律要求、是否存在显而易见的权利瑕疵，并不审查企业的某一项资产实质上是否具有经济价值。

合规性尽职调查，适用于调查目标企业的设立、资产状况、交易合同和企业管理问题等事项可能存在的法律瑕疵，但对于知识产权这种特殊的无形财产，就明显显得捉襟见肘。仍以实用新型专利权为例，我国的实用新型专利审查制度是采取初步审查登记制，国家知识产权局在受理实用新型专利申请后，只进行形式审查，看是否缺少法律确定的必要的文件以及文件格式的书写是否正确规范，如果没有发现驳回理由的即授予专利权并登记公告①。在合规性尽职调查中，律师只需审查目标公司是否依法取得的实用新型专利权证书、缴纳专利年费凭证并通过官方登记核实信息属实之后，就可以将该实用新型专利权认定为目标企业的有效资产，并如实记载在律师的尽职调查报告中。但是，针对该实用新型专利权，任何其他利害关系人均可以向国家知识产权局申请宣告其专利权无效，一旦被宣告无效，该项专利权视为自始即不存

① 《专利法》第40条，世界上其他很多国家也采取类似的形式审查制度。

在[①]。而且,根据有人对2008~2018年度中国专利无效案件进行统计,在实用新型专利权无效程序中,实用新型专利权被宣告无效的比例相当高。在统计的30,178件专利无效宣告请求案件的审查决定中,宣告专利权全部无效的决定15,203件,占比50.4%;宣告专利权部分无效的决定3031件,占比10.0%;宣告维持专利权有效的决定11,783件,占比39.0%;在修改的基础上维持专利权有效的决定161件,占比0.5%。可见,在超过60%的无效宣告请求中,都有至少部分权利要求被宣告无效。因此,对知识产权而言,合规性尽职调查只能算是一种基础的尽职调查,既不能准确反映知识产权的真实价值,也不能排除将来发生重大知识产权诉讼风险的可能性。

在申请企业上市过程中,政府主管部门对申请企业的审核内容很多,但在法律风险方面,却只是要求目标企业委托律师进行合规性法律尽职调查。为此,拟上市企业通常都会将知识产权列入法律尽职调查的范围,委托律师一并进行调查并将调查情况记载在法律意见书中。这种安排,既满足企业申请上市的基本条件,又减少律师在知识产权尽职调查方面的时间付出和工作量,同时节省律师费用开支,是一种省时、省力、省钱的合理选择,但其中的弊端也是显而易见,在本书第五章中的几个企业上市实例,已经充分印证了这一点。

---

① 《专利法》第45条、第46条和第47条。

第三节 稳定性尽职调查

对专利权的稳定性尽职调查和专利申请技术的可专利性尽职调查,核心原则是穿透性原则,要求律师在分析和掌握被调查的专利技术和专利申请技术内容的基础上,通过全面的技术检索,对目标专利技术或者目标专利申请技术内容的新颖性和创造性进行实质性审查和判断。

一、专利权稳定性尽职调查

(一)专利权稳定性尽职调查的含义

专利权的稳定性,可以通俗理解为一项专利权对抗无效请求、维持自身法律效力的能力。任何专利都是经国家知识产权主管部门审查后依法授权,但是,鉴于政府主管部门审查的力度和条件有限,有可能使一些实际上不符合专利法要求的专利申请获得国家授权。因此,在制度设计上,专利法同时规定了专利无效请求程序,赋予利害关系人对已授权专利提出宣告专利无效的权利。如前所述,实用新型专利权只经过初步审查即授权,专利的稳定性很低。在2008年至2018年被提出无效宣告的实用新型专利权中,只有39.0%的实用新型被国家知识产权局宣告维持专利权有效,外观设计专利权被维持有效的比例大约是41.8%;发明专利由于经过实质审查,其稳定性相对就高。据统计,45.7%的发明专利被全部维持有效,同时有36.3%的发明专利被全部宣告无效。专利无效程序流程见图6-2。

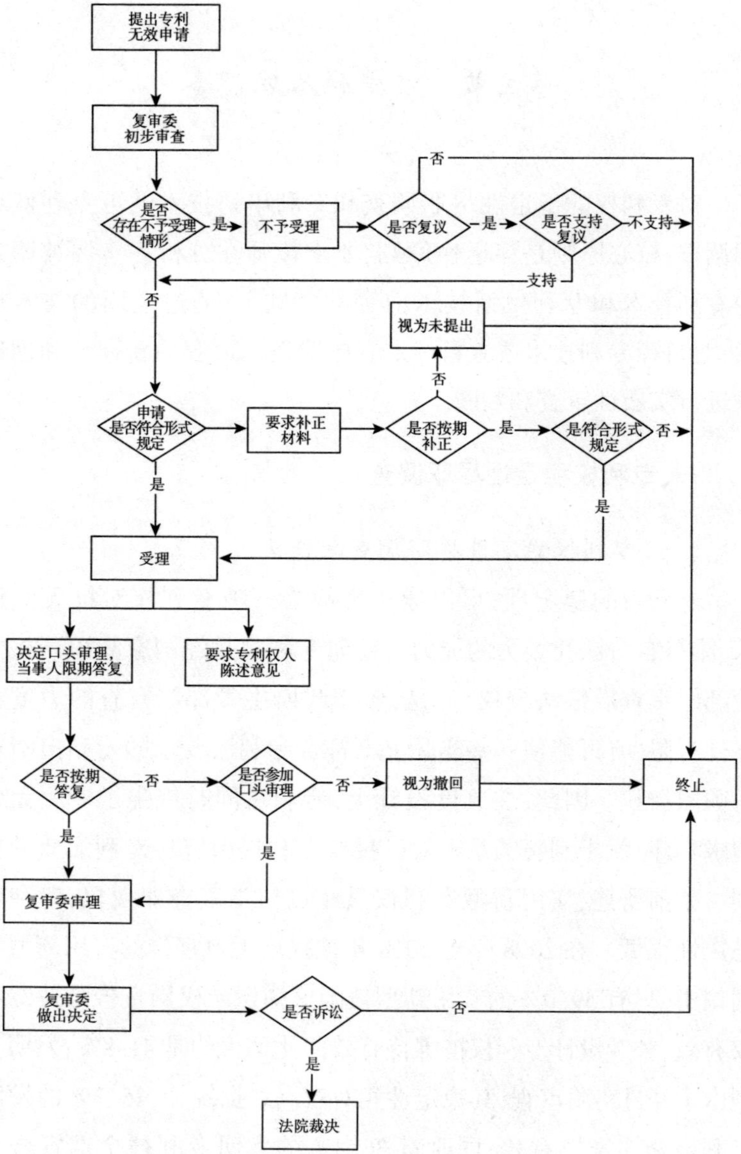

图 6-2　专利无效流程示意

【关联知识】专利权无效宣告

一、请求专利权无效宣告的理由

1.发明创造不符合授予专利权的实质性条件。能够授予专利权的发明创造,必须具备授予专利权的实质性要件,如果授予专利权的发明和实用新型不具有新颖性、创造性和实用性;授予专利权的外观设计不具有新颖性和原创性。

外观设计与他人的在先权利发生冲突,则可提出宣告该专利权无效的请求。在先权利包括商标权、著作权、企业名称权、肖像权、知名商品特有包装或者装潢使用权等。

以授予专利权的外观设计与他人在先取得的合法权利相冲突为理由,请求宣告外观设计专利权无效的,应当提交生效的能够证明权利冲突的处理决定或判决。

2.发明创造不符合合法性条件。我国《专利法》第5条规定,“对违反国家法律、社会公德或妨害社会公共利益的发明创造,不授予专利权”。如果事实上国家知识产权局对违反合法性条件的发明创造授予了专利权,任何单位和个人则可向专利复审委员会提出宣告该项专利权无效的请求。

3.发明创造属于专利法规定的不授予专利权的领域,即授予专利权的发明创造,是属于《专利法》第25条规定的科学发现、智力活动的规则和方法、疾病的诊断和治疗方法、动植物品种及用原子核变换方法获得的物质的领域。

4.专利文件的撰写不合法定要求。专利文件不合法定要求主要有两种情况:一种是申请专利的发明或者实用新型的说明书没有对发明或者实用新型作出清楚完整的说明,致使所属技术领域的普通技术人员不能实现;另一种是取得专利的发明或实用新型专利申请文件的修改或者分案申请超出了原说明书和权利要求书的范围;外观设计专利申请文件的修改超出了原图片或者照片表示的范围。

5. 专利权的主体不合法,即违反《专利法》第9条规定的先申请原则,后申请人就同一发明创造取得了专利权的。

二、专利复审委员会对无效宣告请求不予受理的几种情形:

1. 请求人不具备民事诉讼主体资格的。

2. 无效宣告请求的客体应当是已经公告授权的专利,包括已经终止或者放弃(自申请日起放弃的除外)的专利。无效宣告请求不是针对已经公告授权的专利的,不予受理。

3. 专利复审委员会作出宣告专利权全部或者部分无效的审查决定后,当事人未在收到该审查决定之日起三个月内向人民法院起诉或者人民法院生效判决维持该审查决定的,针对已被该决定宣告无效的专利权提出的无效宣告请求不予受理。

4. 专利权人针对其专利权提出无效宣告请求且请求宣告专利权全部无效、所提交的证据不是公开出版物或者请求人不是共有专利权的所有专利权人的。

5. 无效宣告理由不属于《专利法实施细则》第64条第2款规定的理由的,不予受理。

6. 在专利复审委员会就一项专利已作出无效宣告请求审查决定后,又以同样的理由和证据提出无效宣告请求的,不予受理,但所述理由或者证据因时限等原因未被所述决定考虑的情形除外。

7. 以授予专利权的外观设计与他人在先取得的合法权利相

冲突为理由请求宣告外观设计专利权无效,但未提交生效的能够证明外观设计专利权与商标权、著作权等在先权利相冲突的处理决定或者判决的,不予受理。

8. 请求人未具体说明无效宣告理由的,或者提交有证据但未结合提交的所有证据具体说明无效宣告理由的,或者未指明每项理由所依据的证据的,其无效宣告请求不予受理。

9. 无效宣告请求书不符合规定的格式,且请求人期满未补正或者在指定期限内补正但经两次补正后仍存在同样缺陷的,无效宣告请求视为未提出。

10. 无效宣告请求书未明确无效宣告请求范围,请求人期满未补正的,无效宣告请求视为未提出。

11. 请求人自提出无效宣告请求之日起一个月内未缴纳或者未缴足无效宣告请求费的,其无效宣告请求视为未提出。

专利权稳定性尽职调查,也常被称为专利有效性尽职调查(Due Diligence on Patents Validity),是指委托方委托调查人员对一项已授权的专利权的技术方案进行技术分析,根据技术特征全面检索相同或者相近的技术方案,并对授权专利权是否有效(包括全部有效、部分有效、修改后有效或者全部无效)作出分析判断的尽职调查。在稳定性尽职调查中,委托方一般是专利权人或者其他利害关系人,如潜在的专利权购买人、被许可使用人等。

与专利权的稳定性尽职调查有关的,还有一种专利权的无效性尽职调查(也被称为专利无效检索),两种尽职调查都是以一项已授权专利的有效性为调查目的。两者的唯一区别在于,无效性尽职调查的委托方通常是专利权人的相对方,如竞争对手、被控侵权人等，其调查目的在于通过充分的技术信息检索，找出能够对已授权专利的稳定性构成威胁的相关专利或非专利文献，最终达到否定专利权的有效性（或者部分无效）的结果。因此，两种尽职调查在本质上是一样的，犹如一枚硬币的两个面而已。

（二）专利权的稳定性尽职调查的工作流程

在合规性尽职调查中，律师应当已经全面搜集目标企业所有专利权的申请日、授权日、权利归属和法律状态等基本信息，这是开展专利权稳定性尽职调查的前提和基础。在合规性尽职调查完成后，律师一般遵循下列流程对一项特定的专利权（“目标专利”）开展进一步的稳定性尽职调查。

1. 整理目标专利的基本信息，确定目标专利的法律状态及权利归属（起点）

2. 了解目标专利的技术背景，初步确定最接近目标专利的现有技术

律师应当与目标企业的技术人员加强沟通，了解目标专利的技术背景、行业信息和行业竞争对手，根据实际情况，可以进一步主动搜集与目标专利密切相关的技术信息线索，包括目标专利的审查意见通知书和引用文献、无效宣告程序中的历史档案等。必要时，律师还可以将查询范围延伸到目标专利的同族专利的审查意见通知书、引用文献和无效宣告程序的历史档案。审查意见通知书中通常会提到审查员针对目标专利或者其同族专利所检索的影响目标专利新颖性或创造性的对比文件，再结合目标专利的引用文献和无效宣告程序中的历史文档等，能帮助律师快捷地确定与目标专利中的技术方案最接近的现有

技术。

3. 分析目标专利的技术方案,并确定目标专利的技术领域

专利申请文件中,权利要求书中的每一项权利要求就是一个完整的技术方案。因此,在尽职调查之前,律师应当分析和正确掌握目标企业每一个权利要求所请求保护的技术方案。对技术方案的正确分析,既是下一步进行信息检索的有效保障,也是分析和判断技术方案是否具备专利稳定性的基础。

4. 确定基本检索要素

所谓基本检索要素是指从技术方案中提炼出来的,最能够体现技术方案的基本构思的可检索的要素。

从目标专利的技术方案提取基本检索要素的过程,就是对技术方案进行分解和提炼的过程。基本检索要素既可以是一项技术特征,也可以是两项以上技术特征的组合;一项技术特征或者技术特征的组合能否作为基本检索要素,取决于它们在实现专利权技术方案或达到专利权的技术效果中的重要程度。

5. 确定检索策略,构造合理的检索式

检索式中可以包含关键词、分类号、申请人、发明人、申请日、公开日等多个信息,检索式是检索策略的表达,完整有效的检索式能够提高检索效率。

6. 执行检索

首先,专利检索是专利权稳定性尽职调查工作的重要环节,直接决定着尽职调查工作的质量和结果。到了搜索环节,专利权人的稳定性尽职调查和无效请求人的无效性尽职调查的目标开始出现明显对立,仿佛“矛”与“盾”的关系:无效请求人希望能精准地找到对目标专利具有巨大杀伤力的对比文件(或者对比组

合)，如此，则无效请求人提出的无效宣告请求就成功了一大半，而稳定性尽职调查则旨在查明目前所能查到的现有技术文件中并不存在足以破坏目标专利稳定性的对比文件(或者对比组合)。所以，在执行检索时，查准是关键，找到一百篇相近似的对比文件不如找到一篇高度相同的对比文件。

其次，根据目标专利的技术领域进行重点检索很有必要，在相同的技术领域中检索到影响目标专利新颖性或创造性的对比文件的概率是最高的。而且，根据专利权无效审查的判断标准，能导致目标专利丧失新颖性在先技术应当与该目标专利中的技术方案实质上相同，并且两者适用于相同的技术领域、解决相同的技术问题、具有相同的预期技术效果。

最后，检索时，律师应当选择几个合适的专利数据库进行多次检索，力争检索技术文件的全覆盖、无遗漏。而且，检索范围既应当包括国内专利数据库，也包括国外专利数据库；既包括专利技术、也包括公开的非专利技术文献；既包括有效的专利技术、也包括失效的专利技术。

7. 筛选检索结果，确定最接近目标专利的对比文件(或者对比文件组合)

这是稳定性尽职调查的关键阶段，也是一项经验性较强的工作。律师需要以目标专利的技术方案为基础，首先对检索结果中的对比文件进行新颖性和创造性的初步判断和筛选，再通过反复的技术方案比对，从检索的技术文件中筛选出与目标专利最接近的对比文件，或者把筛选出来的几个对比文件进行有效组合、组成与目标专利最接近的组合技术方案。最接近的对比文件或者对比文件组合不限一个，但也不能太多，总量以不超过三四个为宜。

在筛选过程中,律师还应当注意从对比文件中发现新的线索和启示,如关键词的不同表达方式,并重新调整基本检索要素,进行补充检索,以提高检索的准确度。

8. 分析对比文件,对目标专利的稳定性作出分析判断

分析对比文件是稳定性尽职调查的收官之战,律师应当将目标专利的技术方案与筛选出的最接近的对比文件或者对比文件组合进行比对分析,确定目标专利是否能够全部维持有效、部分有效或者全部无效。如果目标专利全部无效,律师还应当进一步分析目标专利的专利授权文件,对目标专利是否可以通过修改其权利要求以维持目标专利的有效性提出建议。分析对比文件工作需要既懂技术、又懂法律的专业人才,建议由具有专利代理师资质的专利律师主导、有目标企业的核心技术人员参与才能取得良好的尽职调查效果。

9. 整理和撰写专利权稳定性尽职调查报告

在撰写稳定性尽职调查报告之前,律师应当将其尽职调查结论与委托方进行沟通,并根据沟通情况确定是否需要进行补充技术检索;如果委托方没有提出新的要求,律师就可以整理和撰写正式的专利权稳定性尽职调查报告。

稳定性尽职调查工作流程请参见图 6 - 3。

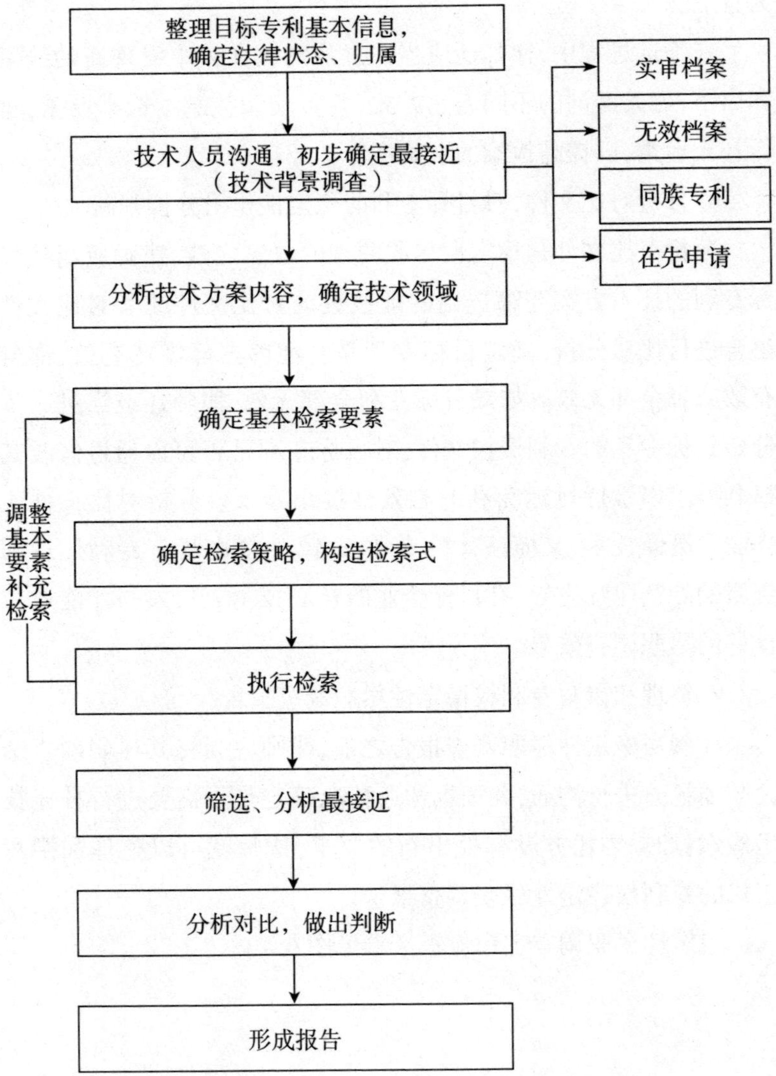

图6-3 稳定性尽职调查工作流程

二、专利申请技术的可专利性尽职调查

专利申请技术是指已经提交专利申请文件、尚未取得专利授权的技术方案,因此,不存在专利稳定性问题,取而代之的是可专利性尽职调查(Due Diligence on Patentability)。

可专利性尽职调查的目的在于发现技术方案是否具有新颖性和创造性、将来是否具有被授予专利的可能,故也有人称为查新检索。谨慎的专利申请人通常会在其提出专利申请之前主动进行这种查新检索,而不会盲目地提出专利申请,这样好处在于既能帮助专利申请事先评估拟申请专利的技术方案的新颖性和创造性,让专利申请人可以对专利申请文件作出最优化修改,也能避免其付出不必要的精力和时间、财务成本。

可专利性尽职调查也有类似的功能,如果尽职调查发现被调查的专利申请技术在新颖性或者创造性方面存在瑕疵,律师也可以对相关的专利申请文件提出修改建议,提高被调查的专利申请技术在将来被授予专利的可能性。

可专利性尽职调查的调查范围和方法与专利权稳定性尽职调查基本一致,不再赘述。

第四节 实施性尽职调查

实施性尽职调查,也被称为自由实施尽职调查(Freedom to Operate 或 FTO),是对目标企业实施的特定技术是否可能侵犯他人专利权而进行的调查,故也称为侵权尽职调查。从广义概念上

说,自由实施(FTO)不仅包括实施该技术时不侵犯其他人的专利权,也包括该技术的实施不违反其他法律法规的规定。

需要注意的是,实施性尽职调查的重点目标是目标企业的非专利技术,但律师在进行实施性尽职调查中,调查的技术范围不仅应当包括目标企业的非专利技术,还应当包括目标企业已经获得专利授权的专利技术和未获得授权的专利申请技术(为表述的方便,下文统称为“目标专利”)。如果目标企业的已授权专利与其他人在先专利(又称为“基本专利”)存在从属关系,其专利技术的实施必然依赖于其他人在先专利中的技术方案,即目标企业的专利技术落入其他人在先专利的保护范围。这种情况下,虽然目标企业也享有专利权,如果没有获得在先专利权人的许可,目标企业实施其专利技术也属于专利侵权行为[①]。因此,实施性尽职调查需要对目标企业的授权专利是否落入其他人的在先专利的保护范围进行分析,以确定目标企业是否可以不受限制地实施其目标专利。

【关联知识】专利侵权判定的基本原则

(一)全面覆盖原则

全面覆盖原则是专利侵权判定中的一个最基本原则,也是首要原则。所谓全面覆盖原则(又称全部技术特征覆盖原则或字面侵权原则),是指被控侵权的产品或者方法的技术特征与专利的权利要求所记载的全部技术特征一一对应并且相同,或被控侵权

---

① 从属专利,我国《专利法》法律中并没有明确的定义,只是在《专利法》第51条第1款规定“强制许可”时,提到“一项取得专利权的发明或者实用新型比前已经取得专利权的发明或者实用新型具有显著经济意义的重大技术进步,其实施又有赖于前一发明或者实用新型的实施的……”被学界统称为从属专利。

物的技术特征在包含专利的权利要求所记载的全部技术特征的基础上,还增加了一些其他技术特征,则可认定构成专利侵权行为。被诉侵权技术方案包含与权利要求记载的全部技术特征相同或者等同的技术特征的,人民法院应当认定其落入专利权的保护范围;被诉侵权技术方案的技术特征与权利要求记载的全部技术特征相比,缺少权利要求记载的一个以上的技术特征,或者有一个以上技术特征不相同也不等同的,人民法院应当认定其没有落入专利权的保护范围①。

(二)等同原则

所谓等同原则,是指被控侵权物的技术特征虽与专利的权利要求所记载的全部必要技术特征有所不同,但若该不同是非实质性的,前者只不过是以与后者基本相同的手段,实现基本相同的功能,达到基本相同的效果,并且本领域的普通技术人员无须经过创造性劳动就能够联想到的特征,即等同特征,则仍可认定存在侵权性质的行为②。

针对相同的一项专利技术或者专利申请技术,实施性尽职调查与稳定性尽职调查是不同,两者既有相同之处、也有很多不同。

一、两种尽职调查的相同之处:

(一)技术检索的时间要求相同,都要求检索目标专利申请日

① 最高人民法院《关于审理侵犯专利权纠纷案件应用法律若干问题的解释》第7条、《关于审理专利纠纷案件适用法律问题的若干规定》(2015年修订)第17条第1款。

② 《专利法》(2008年修正)第59条、最高人民法院《关于审理侵犯专利权纠纷案件应用法律若干问题的解释》第7条、《关于审理专利纠纷案件适用法律问题的若干规定》第17条。

前的技术对比文件,无须检索申请日之后的技术对比文件;

(二)工作内容相同,两者都需要律师对目标专利中的技术方案进行技术分析,并进行相应的技术检索和筛选、最后进行技术比对分析;

(三)对调查人员的要求相同,都需要非常专业的知识产权律师,其中尤以具有理工科知识背景、同时具有一定专利诉讼经验的律师为佳。

二、两种尽职调查的不同之处主要有以下四点:

(一)从检索地域上看,实施性尽职调查的技术检索范围限定在目标专利的授权国和/或拟实施国(地区),地域范围具有非常强的针对性;稳定性尽职调查的技术检索范围是全球范围内所有国家,没有任何地域限制。

(二)从检索对象上看,实施性尽职调的检索范围是特定区域内的有效授权专利;稳定性尽职调查的检索范围是所有技术对比文件,既包括所有专利技术,也包括公开的非专利技术的科技文献和已经失效的专利技术。

可能有人不同意作者观点,认为实施性尽职调查的调查范围应当包括失效的专利技术和其他公知技术,以作为不构成专利侵权的抗辩事由。作者认为,现有技术和现有设计确实是我国专利侵权诉讼中一种法定抗辩事由①,但在实施性尽职调查之前,律师已经完成对目标专利的稳定性尽职调查。如果稳定性尽职调查报告中认定目标专利的技术方案属于现有技术和现有设计,这种

---

① 《专利法》第62条。

结论已经说明目标专利属于无效专利技术或者将来缺乏授予专利的可能性,此时,目标专利的价值问题已经调查清楚(零价值,但不影响继续使用),则律师应当立即终止对该目标专利的尽职调查,再继续进行后续的尽职调查均无任何意义;既然启动实施性尽职调查,则已经将目标专利排除在现有技术之外。因此,将目标专利是否属于现有技术(包括失效的专利技术)列入实施性尽职调查的检索范围,混淆了专利侵权抗辩与实施性尽职调查之间本质区别,既在逻辑上无法自圆其说,对实施性尽职调查的范围也存在错误认识。

(三)从检索目标上看,实施性尽职调查是希望找到对目标专利的实施具有实质性影响、目标专利的实施必然存在依赖关系的在先专利技术;稳定性尽职调查旨在检索到目标专利最接近的对比文件或者对比文件组合。

(四)从分析比对的内容看,实施性尽职调查是以在先专利为标靶、将目标专利的技术方案与检索到的在先专利进行技术特征一一比对,确定目标专利的技术方案是否全面覆盖了在先专利的全部必要技术特征;稳定性尽职调查是以目标专利为标靶、将最接近的对比文件或者对比文件组合中的技术方案与目标专利的技术方案进行比对,确定对比文件或者对比文件组合能否令目标专利丧失新颖性或者缺乏创造性。

实施性尽职调查的工作流程与稳定性尽职调查的流程总体上基本一样,只是略有区别,见图6-4。

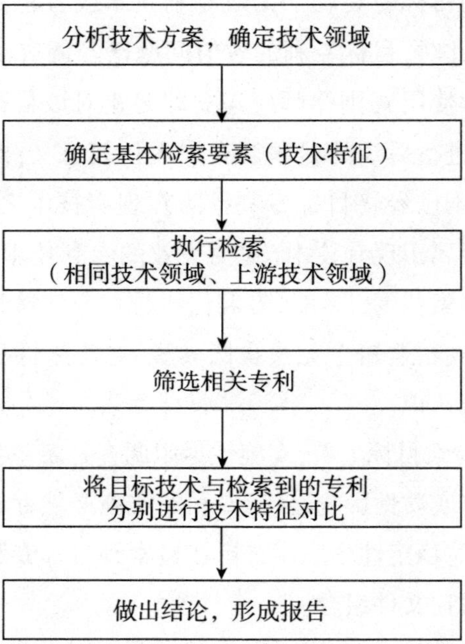

图6－4　实施性尽职调查工作流程

第五节　价值性尽职调查

价值性尽职调查，也称为“专利价值分析”①，是以评价目标专

① 专利价值分析是竞争情报分析的重要形式之一，是指跟踪、研究、分析某一领域及竞争对手的专利发明以获得超越竞争对手优势为目的的企业竞争情报分析。实务中，也有人常将“专利价值分析”与传统的“专利价值评估”作为一个概念互用，旨在引导和修正传统的“专利价值评估”。所以，区分“专利价值分析”与传统的“专利价值评估”，应当注意从分析工作实质内容上作判断，不能仅从所用名称上进行判断。

利(或者目标专利组合)的价值为目的,对目标专利相关信息进行调查、整理和分析,最后对目标专利的价值做出综合性评价。

专利权的价值性尽职调查与传统的专利权价值评估并不一样,主要有以下三点区别:

一、适用场景不同:价值性尽职调查通常适用于投资并购程序中,投资人对目标企业的专利资产进行价值评价,也有很多目标企业基于自身的战略目的、对其自有的专利权资产进行梳理和分析评价;而传统的专利价值评估通常是在以专利权进行质押、作为出资、被强制拍卖等情况下,专利权人或其他机构委托资产评估机构对目标专利进行的价值评估。

二、目标要求不同:价值性尽职调查中,调查律师只对目标专利的价值做出定性分析和评价,确定目标专利的战略价值和重要程度;传统的专利价值评估是对目标专利的价值做出定量评价,为相关交易提供价格参考。

三、评价方法不同:传统的资产评估方法通常采用成本法、市场法或者收益法等资产评估方法,因有形资产都具有一定的通用性、替代性,所以这些评估方法用于评估各种有形资产的价值是合理的、能够反映有形资产的合理价值;但是,专利技术是具有唯一性、排他性的无形资产,这些资产评估方法并不适用评估专利权的价值。而且,专利权是一个企业最重要的无形资产,尤其是科技型创新企业,专利对提升企业核心竞争能力、领先行业发展、赢得市场地位具有重要的战略意义,专利权的这些价值内涵,传统的资产评估方法均无法在评估过程中予以体现。在实践中,就存在不同评估机构针对相同的一项专利技术所作出的评估结论相差几十倍甚至超过一百倍,这种现象在有形资产的价值评估中是不可想象的。

任何企业都是以提高市场地位为手段、以持续营利为主要目的,而专利权对提升企业核心竞争能力、赢得市场地位具有重要的战略意义。具体来说,一项专利权是否具有价值,关键在于其是否能够为目标企业创造市场竞争的比较优势,并进而为目标企业带来巨大的商业利益。因此,价值性尽职调查中所说的专利价值,特指专利权的战略价值。

俗话说"独木难支",具有一定战略价值的专利权,除基本专利或者核心专利外,专利权人通常还会在核心专利技术周围同时申请一定数量的钳制专利或者防御专利,用于进一步构筑更加牢固的专利技术壁垒,杜绝其他竞争对手采取规避目标专利的行为。因此,专利权价值性尽职调查的对象,往往不仅只是一个目标专利,而是一个专利组合。换句话说,单一的目标专利,常常无法具备很高的战略价值。

作者认为,对目标专利的价值评价,应当从四个维度去分析和调查,即技术价值、法律价值、市场价值和经济价值。

(一)技术价值

任何一项专利技术都应当具备一定程度的技术含量,至少应当满足专利法意义上的新颖性、创造性和实用性的基本要求,这是专利权的价值基础。在不同的领域、不同的产品,专利对技术价值的要求均不相同。一般而言,技术复杂程度高、技术创新性高的专利技术,竞争对手模仿的难度也大,专利价值就高。但是,专利价值的高低并不完全取决于技术方案的先进性、技术难度或者是技术复杂程度,有些容易被普遍采用的技术所形成的较为简单的专利也可能具有很高的专利价值。

【实例】

“一种一体式自拍装置”实用新型专利荣获第20届中国专利金奖(专利号ZL201420522729.0号),见图6－5和图6－6。

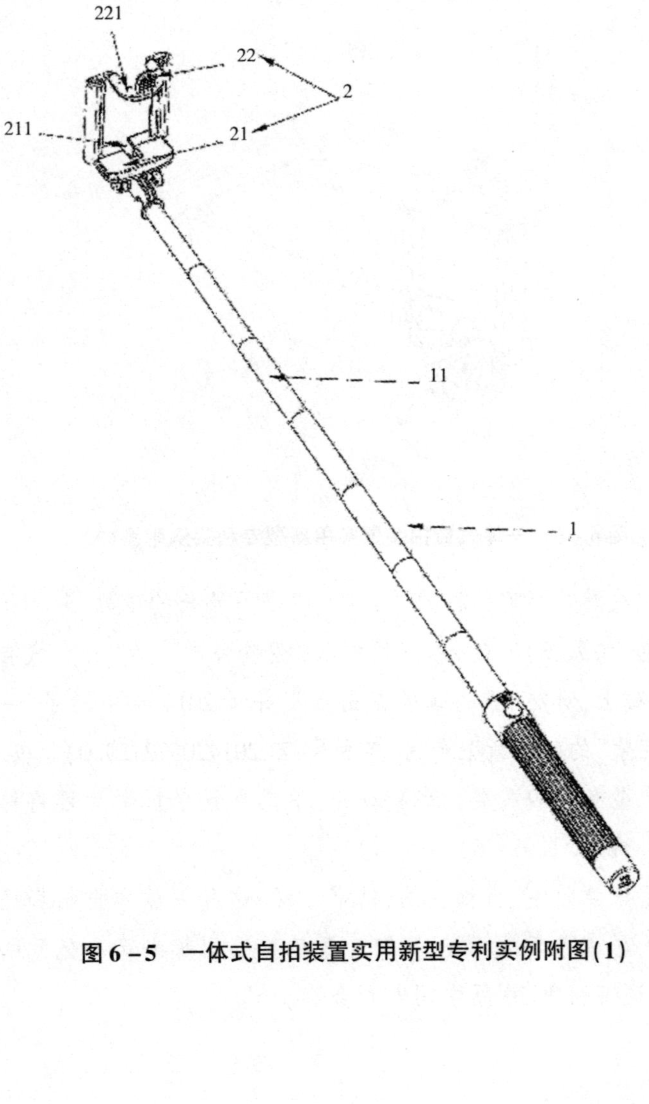

图6－5　一体式自拍装置实用新型专利实例附图(1)

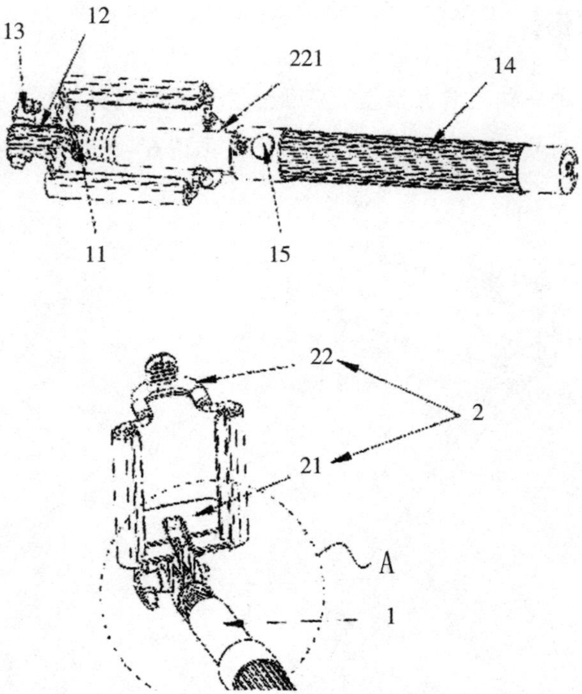

图6-6 一体式自拍装置实用新型专利实例附图(2)

为解决游客经常面临的爱自拍、但手不够长的难题,深圳源德盛塑胶电子(深圳)有限公司(简称“源德盛公司”)在“分体式自拍杆”的基础上,研发了“一体式自拍杆”,并于2014年申请了“一体式自拍装置”的实用新型专利(专利号:ZL201420522729.0)。其中,该实用新型专利的重要技术特征是:手机夹置台折弯后可将伸缩杆容置其内(如图6-6)。

由于任意收缩、自如收纳、携带方便,这种一体式自拍杆已成为很多人居家旅行的标配,不仅为源德盛公司带来了上亿元的销售收入,还荣获第20届中国专利金奖。

据源德盛公司董事长接受媒体采访时介绍，源德盛公司为华为、vivo、小米、三星等各大品牌代工生产自拍杆，都采用了这一技术，创造了上亿元的销售收入。面对大量仿制侵权行为，源德盛公司委托专业机构在全国开展了大规模的诉讼维权，至今已立案3000余件，专利给企业带来的经济效益，每年约有30%的涨幅。通过专利维权，源德盛公司迅速确立了企业在行业的领先地位。目前，该公司全球市场占有率第一，在自拍杆高端产品市场占80%份额，充分体现出该项实用新型专利权的价值。

(二)法律价值

专利权的稳定性和实施性，是专利技术具有专利价值的保障。专利权的核心在于专利的排他性，专利权人通过拥有一定时间一定地域的排他权利，取得垄断性收益，实现专利的价值。如果专利权不能维持有效，则专利技术就不具有排他性的法律效力，失去法律保护外衣的专利技术，其专利价值也就无从谈起。

判断专利权的法律价值，应当重点考虑目标专利的专利文件的撰写质量和专利权的保护范围。专利文件的撰写，是一项技术含量很高的工作，要求撰写人要有很高的专业素养，既能够清晰、严谨表达专利技术的说明书和权利要求，又要合理确定专利权的保护范围；既要避免将非必要技术特征(也称为“多余特征”)写入权利要求，导致目标专利的保护范围缩小，人为地降低目标专利的价值，又要在合理范围内最大限度地扩大目标专利的保护范围，实现目标专利的价值最大化。如果专利文件的撰写质量和保护范围存在瑕疵，反过来也会影响专利权的稳定性。在前面提到的“自拍神器”——“一体式自拍装置”实用新型专利，就被许多利害关系人先后提出过27次无效宣告请求，但该专利权依然被维持有效,彰显出该专利具有异乎寻常的稳定性,值得大家学习和借鉴。

此外,目标专利的申请国家数量和每一个国家剩余保护期限,也是确定专利权法律价值的重要考虑因素:专利申请国家的数量越多、剩余保护时间越长,目标专利的法律价值相对越高。

【关联知识】认定专利权保护范围的"多余指定原则"

"多余指定原则"是指在专利侵权判定中,在解释专利独立权利要求和确定专利权保护范围时,将记载在专利独立权利要求中的明显附加技术特征(多余特征)略去,仅以专利独立权利要求中的必要技术特征来确定专利权保护范围,判定被控侵权物(产品或方法)是否覆盖专利权保护范围的原则①。

"多余指定原则"是我国法院在司法实践中创立的一项审判规则,在我国专利法律、法规和司法解释中都没有明文规定。该原则的出现可以追溯到1995年的"周林频谱仪"案,该案中,涉案专利的独立权利要求中有一项关于立体声放音系统的技术特征,而被控侵权产品,除了该特征之外,具备了涉案专利的独立权利要求中的所有其他特征。法院审理认为,上述特征不具备完成专利发明的目的所必不可少的功能和作用,缺少这项特征不影响频谱治疗仪的功能和作用,也不影响整个技术方案的完整性。最后,法院认定被控产品虽然缺少了一项非必要技术特征,但仍构成专利侵权。

---

① 北京市高级人民法院关于《专利侵权判定若干问题的意见(试行)》的通知(京高法发〔2001〕229号)第47条。

2001年,北京市高级人民法院在其印发的《专利侵权判定若干问题的意见(试行)》中,正式提出了"多余指定原则",并对非必要技术特征("附加技术特征")的指定问题提出了审判指导意见。

其实,"多余指定原则"是我国专利制度发展历程中特定阶段的历史产物。欧美国家建立专利制度都有百年以上的历史,专利知识已经相当普及,专利代理行业非常成熟。但是,在新中国成立后,我国长期实行计划经济,在1984年3月才首次制定《专利法》,1985年全年受理的专利申请总量只有14,372件,其中绝大部分还是外国专利。1991年3月,国务院第一次制定《专利代理条例》。因此,到1995年时,我国实行专利制度总共只有十年的时间,公众对《专利法》尚不熟悉,而且专利代理行业起步晚,相当比例的专利申请文件是申请人自己或者企业自己职员拟定,专利文件的撰写水平不高。因此,在撰写权利要求书时,常出现将一些非必要技术特征写入独立权利要求的情况。如果机械地按照全面覆盖原则确定专利保护范围的话,对于明显是仿冒专利的行为,法院也只能判定不构成专利侵权,这既不利于维护正常的市场秩序,也会打击专利申请人发明创造的积极性。

为弥补专利文件中这种常见的缺陷,在司法实践中,"多余指定原则"应运而生。从实质上讲,"多余指定原则"是法院对专利权人缺乏撰写经验不足的一种"宽恕",同意在案件审理阶段给专利权人一次补救的机会,重新合理确定专利权的保护范围。

但是,"多余指定原则"毕竟与我国《专利法》的基本原则存在冲突。依照权利法定的基本原则,专利授权文件中的权利要求,起着公示专利权的保护范围的作用,适用"多余指定原则"则削弱了权利要求的公示效力,既增加了专利权保护范围的不确定性,反过来也影响着专利代理水平的提高。进入21世纪之后,随着我国对外改革开放的不断深入,特别是我国加入WTO之后,我国的专利保护逐渐与国际通用的法律制度接轨,国内专利权人的专利意识和专利代理的行业水平都有很大的提高,在此背景下,如果仍然对专利权人采取特殊照顾,就显得不合时宜。

2005年,在大连新益建材有限公司与大连仁达新型墙体建材厂专利侵权纠纷案的判决中,最高人民法院表示了“不赞成轻率适用所谓多余指定原则”的态度。2009年最高人民法院出台了《关于审理侵犯专利权纠纷案件应用法律若干问题的解释》,明确确立了“全部覆盖原则”,宣告“多余指定原则”的适用正式终结①。

(三)市场价值

在本书中,作者反复强调知识产权是一个企业尤其是科技型创新企业最重要的无形资产,对提升企业核心竞争能力、赢得市场地位具有重要的战略意义。对任何一个目标专利,其市场价值是专利价值的直接表现。评价目标专利的市场价值,一般综合考虑与目标专利直接相关产品的市场应用、市场规模、市场占有率、市场竞争对手以及目标专利在产品价格中贡献等,而且,市场价值既包括目标专利投入应用所体现的现有市场价值,也包括未来潜在的市场价值;既包括本国的市场价值,也包括在其他申请国家的市场价值。

【实例】1926年的计算机专利

图6-7是现代计算机的第一件专利,权利范围非常宽,但申

---

① 最高人民法院《关于审理侵犯专利权纠纷案件应用法律若干问题的解释》第7条。

请该专利的 CENTRAL RECORDS 公司并未获得任何收益,计算机的商业化还是几十年之后的事。从对社会贡献的角度说,这件创新型技术专利可谓价值连城,简直是人类工程科学史上的璀璨明珠,但要是从市场角度来说,它却毫无价值可言。计算机在当时没有条件量产,而且在专利申请后的有效期限内均不具备市场推广应用的条件,所以,该专利就不具备基本的市场价值。

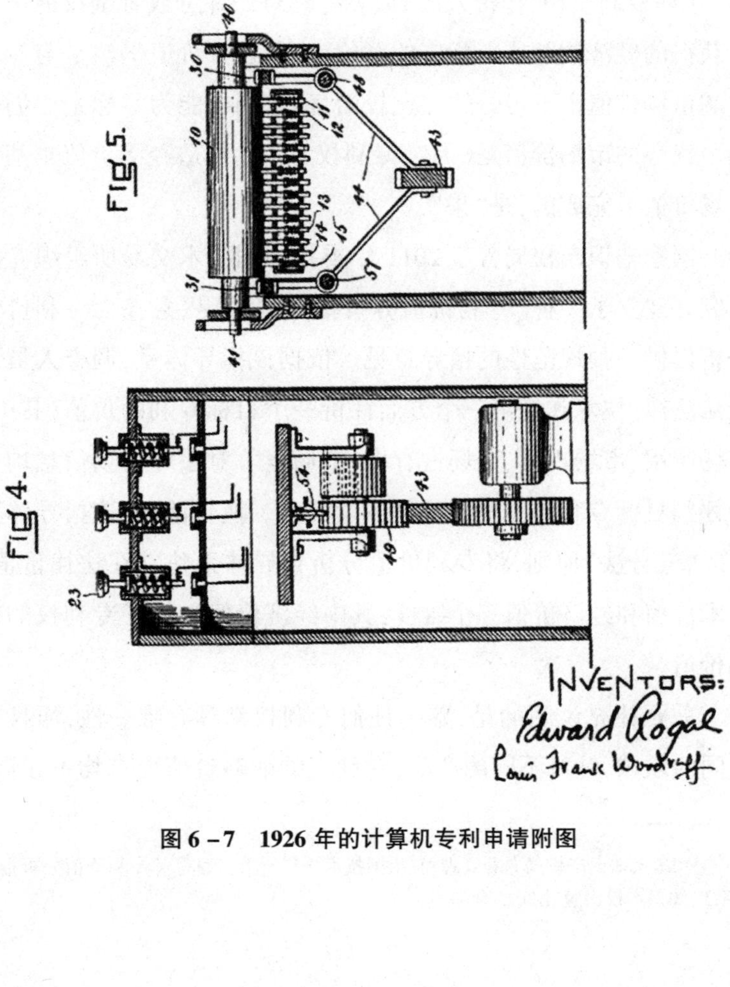

图 6-7　1926 年的计算机专利申请附图

(四)经济价值

对于目标企业来说,只要目标专利帮助企业获得竞争优势、提高企业的核心竞争力,随着企业的市场份额提高,目标企业的经济效益必然越来越好,这就是目标专利的经济价值体现,是专利价值的最终目的和归宿。

此外,专利权的经济价值还体现在目标专利交易或者运营过程中(如专利质押、作价入股)或者专利对外许可或者维权诉讼中所获得的经济收益或者相应的对价,这种经济价值仍然是与专利权的市场价值密不可分的。比较而言,专利权能为目标企业创造竞争优势的市场价值是"因",专利权为企业创造经济价值是基于市场价值上完成的,是"果"。

国家知识产权局曾于2011年委托中国技术交易所组织专家研究并建立了一种《专利价值分析指标体系》[①],意在为专利价值分析提供一种规范性的指导意见。依据该指导体系,调查人员可以从法律、技术和经济三个方面评价一个目标专利的价值,其中,市场应用、市场规模、市场占有率、市场竞争对手等市场信息均作为评判目标专利的经济价值的考量因素。换句话说,该指导体系采取"三分法"原则,将专利价值分析指导体系建立在法律价值、技术价值和经济价值三个维度,其中经济价值包括了专利权的市场价值。

需要补充说明的是,鉴于任何专利权都具有唯一性,而且在不同的领域、针对不同的产品,专利权的战略价值要求均不相同,

---

① 国家知识产权局专利管理司、中国技术交易所组织编写:《专利价值分析指标体系》,知识产权出版社2012年版。

这就决定了专利权价值性尽职调查很难有一个可以通用的模式和评价指标;即使相同的评价事项,该事项在整个专利价值判断中所占的比重也千差万别。为此,在开始价值性尽职调查之前,律师应当与委托方进行充分沟通,深刻理解委托方对专利价值的预期和关注点,然后根据委托方的目的和具体需求设计尽职调查的内容和评价体系,做到有的放矢。

在当前中国实施创新驱动发展战略的背景下,一些专利数据商,例如国外的IPscore、国内的合享、智慧芽和知识产权出版社等,基于掌握专利大数据的优势,都在专利价值分析领域开始一些有益的探索。但遗憾的是,每一家专利数据商都有一套自己的价值评估指标体系,构建了自己独特的评估数学模型,其他人(包括委托方)都不能了解其核心算法和评价方法,更无从知道专利评价过程中的专利价值打分或者估值功能。因此,专利数据商出具的专利价值评估报告,其合理性、公允性、客观性仍广受质疑。

【实例】"iPad"商标以6000万美元的价格转让

2009年8月18日,英国IP发展申请公司接受苹果公司的委托,通过唯冠英国分公司联系到深圳唯冠公司、后来改为直接与台北唯冠公司接洽,商谈购买台北唯冠公司持有的10个iPad商标。2009年12月17日,台北唯冠公司的员工麦世宏(Ray Mai)与英国IP公司在我国台湾地区签署正式的商标转让协议,并进行公证,转让价格35,000英镑。本次转让的10个商标,包括台北唯冠公司在英国等欧盟国家申请注册的8个iPad商标,以及深圳唯冠公司在中国大陆申请的2个iPad商标。协议签订后,台北唯冠公司在欧盟国家申请的8个iPad商标顺利完成转让手续,但因深圳唯冠公司不予确认,苹果公司在中国大陆办理2个iPad商标过户变更手续时遇阻,双方因此发生争议。

2010年4月19日,苹果公司和英国IP公司联合向深圳市中院起诉深圳唯冠公司,要求法院确认深圳唯冠公司持有的2个iPad商标属于苹果公司所有,并索赔经济损失400万元。2011年11月17日,深圳中院作出一审判决,认定苹果公司的主张不成立,驳回其全部诉讼请求。

苹果公司不服,向广东省高级人民法院提出上诉。2012年6月25日,经广东省高级人民法院主持调解,双方最终达成和解,深圳唯冠公司同意将其在中国大陆的2个iPad商标权转让给苹果公司,作为对价,苹果公司向深圳唯冠公司支付6000万美元。这个价格,创造了商标转让价格的历史记录,充分说明商标权具有的巨大经济价值。

第七章　创业投资决策和知识产权尽职调查

第一节　创业投资决策的项目选择

由于创业投资固有的高风险性特点，创业投资的成功率并不高，有权威人士分析自己任职企业的创业投资项目，所投创业投资项目的平均成功率在20%，这个比例在创业投资领域已经是很不错的业绩。俗话说，好的开始是成功的一半。在创业投资业务中，选择创业投资项目是创业投资决策中最重要的一环、在很大程度上直接决定着创业投资是否能成功。

在面对不同的创业企业项目时，创业投资企业应当如何进行选择和决策呢？针对创业企业项目的选择问题，通用的观点是“两个基本点”策略，即一方面考察目标企业管理团队；另一方面考察目标企业的业务成长性，综合考虑两方面的信息决定是否投资。还有教材将类似内容列为创业投资的知识考试点,把创业投资的考察重点限定为管理团队和产品服务部分。

在此,作者推荐一个创业投资决策的“四项基本原则”,即从管理团队、行业领域、知识产权优势、盈利能力四个基本方面考察目标企业的投资价值。

一、管理团队

考察管理团队,目的就是解决“人”的问题。有好的管理团队,投资项目不一定成功;但是,没有好的管理团队,再好的投资项目也难成功。可以这么说,一个好的管理团队是企业发展壮大的必要条件(但不是充分条件),因此,管理团队应作为考察创业企业的首要事项。

做任何事情都需要落实到具体的人,相同的事、不同的人,其结果自然千差万别,这个道理通俗易懂,而且在创业投资实务中基本达成共识,不再赘述。就以蒙牛公司为例,如果没有牛根生,还能有今天的蒙牛公司吗?

二、行业领域

行业领域是一个企业发展的大环境。任何一个行业,与一个企业或者一个产品一样,都具有自己的生命周期和规律。根据通常观点,行业的生命周期可以分为四个阶段,即导入期、成长期、成熟期、衰退期,如图 7-1 所示。

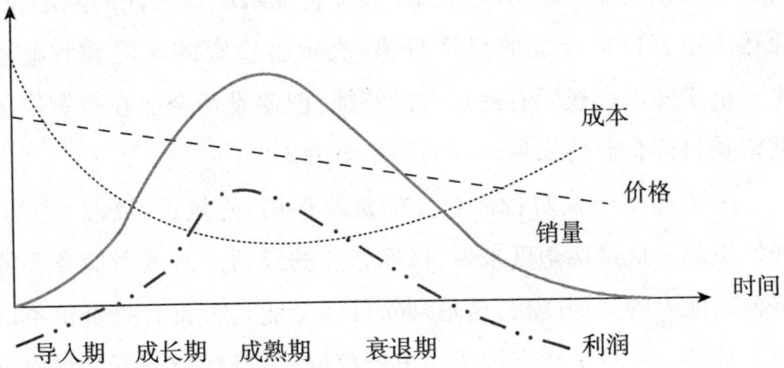

图 7-1 行业生命周期

对于新兴企业来说，行业的发展阶段和时机对目标企业影响非常大，通过判断所述行业领域的发展前景，创业投资企业基本上能预测出所投资目标企业的系统性风险的大小。在投资界有句俗话："当风口来临，猪都会飞起来"，就非常形象地说明行业发展对企业个体的巨大带动效应。因此，在创业投资决策时，目标企业所属的行业领域和发展阶段都是考察的重点内容。

基于创业投资的特点，创业投资企业应当选择处于行业导入期末期或者成长期初期就进行投资，这样才有机会享受目标企业的业绩增长和估值上涨的双重收益。以智能手机为例，据权威人士统计分析，智能手机行业的导入期是 2009 ~ 2011 年，成长期是 2012 ~ 2013 年，2014 年至今进入成熟期。而小米手机于 2010 年成立，伴随着智能手机行业的快速成长，小米手机的市值一路增长超过千亿美元，投资者也收获了巨大的投资红利。

三、知识产权优势

在创业投资中，目标企业是否在同行业内具有竞争优势、是否具有持续的盈利能力才是创业投资企业最应该关注的问题，这直接决定着目标企业的投资价值、决定着投资的风险和收益水平。由于知识产权固有的排他性特征，创业投资企业在投资决策前审查目标企业的知识产权问题是至关重要的。

关于知识产权对目标企业的重要作用，先从正、反两个方面开始说起。从最坏角度来说，目标企业的经营产品或者服务不能侵害其他人的知识产权，这是判断目标企业是否具有投资价值的根本基础。一旦被认定构成知识产权侵权，目标企业不仅将面临巨额的经济赔偿，还可能意味着企业在特定产品或者服务市场的退出，甚至关系到目标企业的生死存活问题。

从正向角度说，目标企业拥有的知识产权是否可以在本行业内设置一定程度的市场壁垒、是否可以有效阻止其他竞争对手的市场竞争？如果能，则目标企业就可以凭借其拥有的知识产权获得行业竞争优势，其产品就具有超越其他竞争对手的市场竞争力，企业未来的成长性就有充分的法律保障。

知名投资人高洪庆先生曾公开分享他选择创业企业的经验，除目标企业所处的行业和管理团队之外，他特别强调考察目标企业的“技术壁垒”①，这种想法与作者的观点不谋而合。但是，作者坚持认为目标企业的核心竞争力在于具有“知识产权优势”（或者说知识产权壁垒），而不是“技术壁垒”，这基于两个理由：其一，知识产权的范围更广，客体范围不仅包括目标企业生产经营有关的技术创新成果，还包括目标企业的商标、商业模式创新等其他智

① 北京联创永宣投资公司高洪庆先生在一次创业投资经验分享讲座中将“行业、团队和技术壁垒”三个要素形象地比喻为“赛道、赛车手和赛车”。

力成果。有时候,这种非技术类的无形资产,对企业发展的助推作用不容小觑。其二,知识产权具有法律强制力,可以向目标企业提供强有力的法律保护。即使目标企业具备一定的技术优势,如果其核心技术不能获得知识产权保护(包括专利技术和技术秘密),则其技术优势并不能持久,所谓的“技术壁垒”也会土崩瓦解,不再赘述。在实践中,有创业投资企业选择对目标企业进行专项的技术尽职调查(或者并入商业尽职调查),从技术角度评价目标企业的竞争优势和盈利能力,其存在的不足之处与前述的“技术壁垒”基本一致。没有知识产权的法律保护,任何专项的技术尽职调查的结论都是要打折扣的。

综上所述,只有考察目标企业的知识产权优势,才是评价目标企业是否存在坚实的竞争壁垒、是否具备市场竞争优势的明智选择,才能为创业投资决策提供准确的、符合客观情况的决策参考。

【关联知识】商业模式创新的专利权保护问题

很多人并不知道,其实,商业模式创新目前可以申请专利权。商业领域通常被认为是非技术领域,综观各国相关法律规定和保护情况,纯粹的商业方法均不被认为是专利保护的客体。2015 年 12 月,国务院提出加强新业态领域创新成果的知识产权保护,特别是研究完善商业模式知识产权保护制度,加强互联网、电子商务、大数据等领域的知识产权保护规则研究,推动完善相关法律法规①。根据该要求,国家知识产权局在广泛征求意见和建议的

① 《国务院关于新形势下加快知识产权强国建设的若干意见》(国发〔2015〕71 号)。

基础上，决定对《专利审查指南》进行修订，并于2017年4月1日起施行。

在本次修订《专利审查指南》之前，针对商业模式中的商业规则和方法，国家知识产权局一直适用《专利法》关于“智力活动的规则和方法”的相关规定，拒绝授予专利权①。但是，本次修订后，新《专利审查指南》特别增加了一段有关商业模式的专项规定：“【例如】涉及商业模式的权利要求，如果既包含商业规则和方法的内容，又包含技术特征，则不应当依据专利法第二十五条排除其获得专利权的可能性”②。本次修订，明确了既含有商业特征又含有技术特征的权利要求不属于智力活动的规则，具有可专利性。

2019年12月，国家知识产权局再次对《专利审查指南》作出修改，在《专利审查指南》第2部分第9章专门增加了第6节，针对“包含算法特征或商业规则和方法特征的发明专利申请审查问题”作出相关规定③，规定商业模式创新中的技术方案可以依法申请专利并受到《专利法》的法律保护，这有利于保护商业模式创新成果，充分发挥知识产权在资源配置上的关键作用。

需要注意的是，可以申请专利权的商业模式创新必须包含一定的技术特征，换句话说，只有结合了计算机及网络技术的商业方法才具有可专利性，在2019年最新修订的《专利审查指南》中就以共享单车为例进行解释说明。该专利申请文件所述的解决

---

① 《专利法》第25条第1款第2项。

② 国家知识产权局《专利审查指南》（第74号令修正）第2部分第1章“4.2智力活动的规则和方法”部分，2017年4月1日起施行。

③ 国家知识产权局《专利审查指南》（第343号令修正）第2部分第9章增加第6节，2020年2月1日起施行。

方案涉及一种共享单车的使用方法，所要解决的是如何准确找到可骑行共享单车位置并开启共享单车的技术问题，该方案通过执行终端设备和服务器上的计算机程序实现了对用户使用共享单车行为的控制和引导，反映的是对位置信息、认证等数据进行采集和计算的控制，利用的是遵循自然规律的技术手段，实现了准确找到可骑行共享单车位置并开启共享单车等技术效果。因此，该发明专利申请的解决方案属于专利法第2条第2款规定的技术方案，属于专利保护的客体。

四、盈利能力

如前所述，目标企业的盈利能力是衡量目标企业投资价值的基础，是目标企业的管理团队、生产技术、产品前景和市场需求等多个方面的综合体现，所以，考察目标企业的盈利能力还是很有必要的。

但是，在考察目标企业的盈利能力时，很多人习惯去考察目标企业的资产负债表和利润表，而忽视现金流量表的重要性。任何一个企业赖以生存和持续发展的根本不是企业是否有经营利润，而在于是否有充足的现金流。一个企业的经营利润再好，如果现金流不足或者资金链断裂，同样难逃企业倒闭的悲惨命运。因此，创业投资企业在考察目标企业的盈利能力时，需要重点考虑投资项目持续创造现金流的能力。

需要特别强调的是，上述四项基本内容相辅相成，既相互联系，又相互影响，缺一不可，共同组成一个目标企业的价值评价体系。以盈利能力为例，特别是在一个新兴行业，目标企业的持续盈利将会吸引更多的投资者进入该行业，如果目标企业没有相应的知识产权作屏障、不具备一定程度的技术壁垒,市场竞争的加剧势必带来产品或者服务的价格之战,这种情况下,目标企业的未来盈利能力将成无源之水,盈利水平必然无法持续;反之,如果有知识产权的保护,则目标企业可以凭借知识产权的排他性阻止竞争对手、给自己创造一定的市场竞争优势,甚至对新产品享有高额的垄断利润,提高自己的盈利能力。

再以行业领域为例,一些站在风口的新兴行业固然可以出现爆发式增长,带动整个行业内所有企业在短时间内快速发展,如果没有知识产权做后盾,随着更多的竞争者加入此行业,行业竞争加剧甚至白热化,所有企业都将深受其害甚至遭受惨重的经济损失;反之,在传统行业领域,随着"互联网+"模式的推广,如果一家企业通过技术创新或者商业模式创新并对创新成果申请了知识产权的保护,由于知识产权依法赋予的竞争壁垒,其依然可以获得很可观的经营盈利,实现业务长久的稳定增长,最终展现出与同行业其他企业截然不同的投资价值。

【实例】

共享单车是一种环保健康的出行方式,不仅解决了用户出行"最后一公里"的难题,而且有利于用户的身体健康,实现自然与人类的可持续发展。在2015~2016年,共享单车如雨后春笋般出现。据统计,到2017年3月,除了最开始的ofo小黄车和摩拜单车以外,还出现了哈罗单车、永安行、酷骑单车、小蓝单车、小鸣单车、町町、3Vbike、悟空单车、骑呗单车、野兽骑行、优拜单车等共计约30种单车品牌,还不包括各级地方政府推出的面向本辖区市民的惠民单车项目。而且,作为共享经济理念下的新兴行业,共享单车备受创业投资企业青睐,各种单车纷纷在短时间内完成融资,而且融资时间间隔短、融资金额大。据不完全统计,截至2017年3月,共享单车行业总融资额达到70亿元,足以看出创业投资企业对共享单车项目的厚爱。

但是,随着竞争者的蜂拥加入,共享单车行业竞争愈加激烈,从2017年6月就陆续出现共享单车企业陷入经营困境。到2018年,共享单车行业只剩下ofo小黄车(市场占有率51%)、摩拜单车(市场占有率约40%)哈罗单车(市场占有率约8%),其他的单车品牌基本消失殆尽,创业投资企业损失惨重。这种局面有很多原因,但是,共享单车行业的知识产权壁垒太少①,竞争者潮水般拥入并引发"烧钱"式恶性竞争,是一个非常重要的原因。

第二节　创业投资决策中的常见错误

在创业投资行业快速发展的大背景下,一些创业投资企业在创业投资中却折戟沉沙、并因此遭受巨额经济损失的事例时有发生。在此,作者尝试梳理一下创业投资企业在创业投资决策过程中常见的几种错误认识,供创业投资企业进行决策时参考。

误区一:"刻舟求剑"

在评估目标企业的价值时,目标企业的盈利能力通常是一条

---

① 如前文所述,商业模式创新可以申请专利权的《专利审查指南》修订内容是从2017年4月1日起实施,而共享单车行业在2016年开始出现爆发式增长。

很重要的考察指标,但是,创业投资的投资逻辑,并不是看目标企业目前的价值,而是关注目标企业未来的成长性。所以,目标企业过去几年的盈利,只能代表目标企业过去一段时间内的经营结果,并不代表目标企业在未来的一段时间仍然有能力持续盈利。换句话说,除过去几年的盈利状况外,创业投资企业还应当关注目标企业是否存在可能影响企业在未来具备持续盈利能力的问题。如果创业投资企业单纯地将目标企业过去的盈利水平作为评价目标企业投资价值的重要依据,以过去的盈利能力判断目标企业未来的发展潜力,这是一种典型的"刻舟求剑"型思维,属于用静态的眼光去分析动态的企业经营问题,很难对目标企业的投资价值做出恰当的判断。

误区二:迷信新技术(包括新产品)

很多人在决定投资时,往往只考虑产品或者技术本身,认为拥有高新技术(或者新产品)的企业就有投资价值,这种理解存在两个缺陷:第一,技术的生命在于应用,在于能为企业创造经济效益,通常又表现在内外两个方面:对外,通过拓展市场需求、提升产品品质和价格,为目标企业增加经营收入;对内,通过提升管理效率、降低产品成本,提高产品的利润率。如前一章中所举计算机技术为例,虽然技术很先进,但由于缺乏市场应用,拥有这种先进技术的企业的投资价值就大打折扣。第二,目标企业拥有的新技术必须依赖知识产权的保护,目标企业才能取得市场竞争优势;知识产权就是高新技术的保护壳、是目标企业的"护城河",如果缺乏知识产权的法律保护,其他竞争对手完全可以在很短时间内学习和复制这种技术,那时,目标企业的技术优势将丧失殆尽,产品就缺乏市场竞争力,这种目标企业自然也就失去了成长的动力,并不是理想的投资对象。

误区三:迷信商业模式

随着"互联网+"计划和"创新创业"活动日益深入,我国形成了一批移动互联行业的优势企业,培育形成了物联网、云计算和大数据等新业态,对于我国传统产业的转型升级发挥了重要作用。近些年,随着互联网和新技术的普及,尤其是共享经济的蓬勃发展,给创业投资企业带来广泛的投资机会,商业模式创新也受到创业投资企业更多的青睐。但是,与技术创新一样,商业模式创新也需要知识产权的保护;如果没有知识产权的保护,一旦有其他投资者蜂拥而入,商业模式创新的价值将荡然无存,前面提到的共享单车就是一个活生生的例子。

误区四:"个人崇拜"

在选择投资项目时,一个好的管理团队固然非常重要,但并不是创业投资企业选择创业企业的充分条件。在实践中,有的创业投资企业会夸大管理团队的重要性,有些创业投资企业自己并不仔细考察和分析创业投资项目本身,其是否投资完全取决于对管理团队或者核心人才的信赖程度。其实,这种做法既是一种新形式的"个人崇拜",也是一种投资惰性,创业投资企业主动放弃自己的调查和判断,将投资决策寄托于对管理团队或者专业人才的高度期望甚至幻想,其创业投资行为本身就有很大的盲目性和不确定性。

这种"看人下菜碟"的投资决策有两种常见情形:一种情形是

以专业技术人才为追逐目标，一般都是某个行业具有显赫名声、取得过突出科研成果的专家、院士、学者等，这些专业人才在相关技术领域都有很深的学术造诣。但是，一件高新技术从诞生、到商业化应用、到企业经营，涉及企业管理、产品生产、市场销售等许多环节，任何一个环节的欠缺都会造成企业的经营困境。在实践中，有很多高校或者研究所的技术人员开发出一项很好的技术或者一款新产品，但他们投资设立的经营企业却常常举步维艰。究其原因，往往是技术人员在公司管理和运营方面存在"短板"，缺乏将技术和产品商业化的能力，最终导致拥有好的技术项目、却不能维持创业企业的正常发展。

另一种情形是豪华的管理团队，即企业核心管理团队都曾有在行业巨头任职的职场经验。管理团队能具有这种职场经历确属难得，可以培养管理人员具备很高的专业素养和长远眼光。但是，由于行业巨头内部的职能部门设置的专业化、部门之间也存在严格的职责划分，其培养的团队更多属于专业化人才，任何一个人都难有跨部门的职场经历。这种管理团队往往缺乏综合性知识储备，也缺乏全局意识，因此，并不适合管理和运营处于初创期和成长期的创业企业。在 2014 年和 2015 年，很多投资者跟风 BAT（百度、阿里和腾讯）背景的豪华团队去作投资，结果很多投资以失败告终，就是这种原因。

误区五：热点跟风

在实践中，还有创业投资企业习惯性沿用炒股思路，喜欢根据投资热点话题选择创业企业项目，通常表现在：一是跟踪政府的优惠政策，根据政府的鼓励政策筛选和确定投资项目；二是根据投资领域的热点确定投资，如新概念、新创意、新模式，但是对这些新事务却缺乏深入的了解和分析。无论政府政策鼓励的行业，还是其他投资热点话题，只能说明特定行业的最新动态和发展前景，可以作为投资的一项参考指标，但并不能用于评价具体的创业企业项目的投资价值。这种投资思路，往往只追求投资决策的大局方向，但是对具体的投资项目却关注严重不足，以“面”代“点”，属于一种典型的务虚型投资行为，因此，在项目选择之初就带有很大的盲目性，投资效果自然也不能达到理想效果。

误区六："重资产"思维(固定资产类)

创业投资决策之前都需要进行必要的尽职调查，需要分析目标企业的财务报表，特别是目标企业的固定资产。很多投资人就从购买资产的角度出发，特别关注目标企业传统意义上的固定资产存量和价值，例如已建厂房、土地使用权、采矿权等。但是，作为创业投资，这种传统的投资思维是远远不够的。固定资产一般都具有购置成本高、使用收益率低、易于替代的特点，并不是创业投资的理想投资目标。衡量创业企业的企业价值并不在于其已经获取的固定资产，而在于其拥有的无形资产的价值，以及无形资产赋予创业企业未来能够高速发展的潜力。因此，创业企业中无形资产的重要性应当超过其固定的有形资产，如果创业投资企业在投资决策时忽视目标企业的无形资产价值，就违背了创业投资的基本宗旨，忘记了创业投资的“初心”，不可能取得良好的投资预期。

误区七："自我为中心"

还有一些创业投资企业，特别是一些比较成功的企业家，在从事创业投资时,喜欢照搬自己企业经营的“成功之道”,要求持有创业企业的大部分股权(控股),以达到控制目标企业的目的。这是一种非常传统的企业经营思维方式,并不适合创业投资决策。创业投资往往涉猎不同的行业,创业投资企业经常既不了解目标企业所在行业的发展新趋势,又没有精力负责企业的实际经营,因此,尊重并调动目标企业管理团队的积极性将至关重要。但是,有一些传统产业的集团公司开始涉猎创业投资的时候,总带有这种“自己说了算”的心态,非常不利于创业企业的未来发展:对内,说明创业投资企业对目标企业管理团队缺乏足够的信任,阻碍了目标企业的自主经营;对外,对引入新的投资者有排斥作用,限制了目标企业引进新的增量投资,影响企业发展。最典型的案例是百米打车,百米打车比滴滴起步更早、发展前景更好,吸引一家房地产公司投资6千万元巨资,持有百米打车60%的股权成为大股东。但是,由于大股东与创业企业管理层对企业如何发展、股权如何分配等根本问题存在分歧,导致百米打车一直无法引进更多的投资者和企业资源加入,最终导致该投资项目停摆。

误区八:“广种薄收”

考虑到创业投资的成功率并不高,有的创业投资企业就采取“撒胡椒粉”的方式,将有限的投资资金分成很多小份,尽可能多地投资多家创业企业,以期达到分散投资风险的目的。在目前的创业投资中,基于节约前期投入、控制投资成本的考虑,创业投资企业通常尽量简化投资决策之前的尽职调查,或者将尽职调查工作形式化、程序化,造成创业投资企业普遍对创业企业的前期尽职调查不彻底、调查质量不高,最终影响创业投资的质量。为纠正这种不利局面,创业投资企业本应当将工作重心前移,加大成本投入,重点做好投资决策之前的调查分析工作,切实提高对目标企业和相关领域的认识,争取对目标企业的投资价值作出客观准确的评价,自然提高创业投资的成功率。相反,如果创业投资企业再按照这种"广种薄收"的心态实行分散投资,进一步减少和弱化对单个投资项目的前期投入和调查,属于典型的南辕北辙,势必会进一步拉低创业投资的成功率。

第三节　投资并购中的知识产权尽职调查

俗话说"没有调查,就没有发言权"。在进行投资并购和发行证券之前,尽职调查都是一个必需程序,但两者对尽职调查的要求是不一样的。本书前章节中已经提到,在证券发行业务中,包括企业申请企业上市和发行债券,监管部门对尽职调查(包括法律尽职调查)的要求属于一种合规性尽职调查,但投资并购业务中,委托方更关注尽职调查的实质内容,更关注投资或者并购的目标企业是否具有货真价实的投资价值、真实投资价值是多少。为此,有专家结合自己的投资经验总结了投资并购中的项目评估的"987654321"原则①,字里行间都充分体现出投资并购程序中创业投资企业对拟投资目标企业真实投资价值的渴求,本节就重点讨论投资并购过程中的知识产权尽职调查的选择问题。

---

① 朱庆标:《并购法律尽职调查指引 1.0》,法律出版社 2016 年版,第 41 页。

【关联知识】项目评估的“987654321”原则

9 – 见过目标企业90%以上的股东和管理层

8 – 坚持早上8点到目标企业

7 – 到过目标企业7个以上部门

6 – 在目标企业连续待过6天

5 – 从目标企业团队、管理、技术、市场、财务5个要素上进行调查

4 – 至少访问目标企业4个上下游客户或供应商

3 – 考察目标企业3个以上竞争对手

2 – 对目标企业调查20个以上关键问题

1 – 至少与目标企业普通员工吃一次饭

实务中说的投资并购，通常包括股权投资(广义)和股权并购两种主要方式(也有人认为包括资产并购①)，其中，股权并购，又常称为企业并购，包括企业兼并(Merger)和企业收购(Acquisition)。此处的企业兼并，一般专指企业的吸收合并②，是由一家占优势地位的企业吸收另一家或者多家企业，占优势地位的企业继续存续、被吸收的企业终止存续并注销登记。企业收购是指投资人通过购买目标企业股东的股权和/或认购目标企业的增资，从而获得目标股权的控制权的行为。

---

① 资产并购是指投资人通过购买目标企业中有价值的经营性资产，从而获得目标企业的利润创造能力，为投资人直接带来经营收益。与股权并购不同，资产并购实际上属于一种资产买卖交易，因此需要重点关注资产转让和收益的税务问题。

② 与吸收合并相对应的合并方式是新设合并(Consolidation)，是指两个或两个以上的企业合并成为一个新的企业，合并完成后，原企业均注销、成立一个新的企业。

股权并购和股权投资虽然都是以目标企业的股权为交易对象，因两者的出发点不同、目的不同，还是存在本质区别。简单地说，股权并购通常是以取得目标企业的整体资产（企业兼并）或者目标企业的控股地位（包括股权多数、绝对多数、甚至全部）为目的，从本质上看，更像是一种企业扩张性的经营行为，而股权投资则是"以目标企业的股权为投资标的，通过股权的买入、卖出获得增值收益"，通常并不谋求对目标企业的控制权。实践中，也有股权投资以取得控股股权为基础、改组董事会和管理层为手段，对目标企业进行大的调整，包括企业战略、发展方向、业务模式、财务结构等，待目标企业基本面大幅度改善之后再整体卖出。因此，股权投资在本质上是一种投资行为。

一、股权并购

按并购企业与目标企业的行业关系划分，股权并购可以分为以下三种基本类型：

（一）横向并购，指生产同类产品、或生产工艺相近的企业之间的并购，实质上也是竞争对手之间的合并。横向并购的优点是可以迅速扩大并购企业的生产规模，形成有效的规模效应。从成本上讲，规模扩大能帮助并购企业充分整合企业资源，有效降低采购、生产、销售、管理等各个环节的成本，从而降低产品成本；从生产上讲，规模扩大有利于并购企业在更大范围内实现专业分工协作，提高通用设备使用效率，采用先进技术设备和工艺，也有利于统一技术标准，加强技术管理和进行技术改造；从市场角度讲，随着企业规模的扩大、产品价格的降低和销售网络的完善，并购企业占有市场份额将会有大幅度的提高，这有利于提升并购企业在行业中战略地位，实施品牌经营战略，提高企业的知名度和品牌价值，提高企业产品的附加值，以获取超额利润。

（二）纵向并购，指与企业的供应商或其客户的合并，即并购企业将同本企业生产紧密相关的配套生产、供应、营销企业并购过来，以形成纵向生产一体化。纵向并购实质上处于生产同一种产品、不同生产阶段的企业间的并购，并购双方往往存在长期的供销或者商业合作关系，所以对彼此的生产状况比较熟悉，有利于并购后的相互融合。

纵向并购的优点是优化产业链结构，既能保证原材料的供应稳定，又能提高协作化生产水平，有效节省运输、仓储、资源等成本开支，还能获取管理经验、经营网络、专业人才、销售渠道等资源，增强并购企业的市场竞争力。

（三）跨界并购（也称为混合并购），指并购企业和目标企业既非竞争对手、又非现实中或潜在的客户或供应商，双方之间生产与经营的产品或服务毫不相关的企业间并购。

跨界并购通常是并购企业为了分散投资风险、业务转型、实施多元化战略的跨行业并购。随着行业竞争的加剧，企业通过对其他行业的投资，不仅能有效扩充企业的经营范围，获取更广泛的市场和利润，而且能够分散因本行业竞争带来的风险。同时，由于跨界并购往往能带来新的利润增长点，因此越来越受到上市公司和其他有雄厚资金实力的企业的青睐。

在横向并购中，并购企业与目标企业同属相同行业；在纵向并购，并购企业与目标企业通常存在长期的合作关系。这两种类型的企业并购中，并购企业对目标企业一般都非常熟悉，在并购之前就充分了解目标企业的经营状况、技术水平、资源优势，以及企业的价值所在。即使律师对目标企业专门进行了一次系统的法律尽职调查,从某种程度上说,律师还是不如并购企业对目标企业的了解更准确、更透彻。再说,并购企业通常是看重目标企业的生产能力、市场份额或者销售渠道等资源优势,意图通过并购实现资源整合、提高市场占有率,并不关注目标企业现有的技术创新能力和无形资产的价值。因此,在横向并购和纵向并购业务中,知识产权尽职调查一直处于从属的、次要地位,并购企业一般会将知识产权问题列入法律尽职调查的范围,委托律师一起进行法律尽职调查。这种做法存在很高的潜在法律风险,在本书第五章中所述科达洁能收购江苏科行就属于纵向并购,因此,对有条件的并购企业,作者还是建议在并购前进行单独的知识产权尽职调查。

跨界并购的情况截然不同。俗话说“隔行如隔山”,由于跨越不同的行业,并购企业对目标企业事前接触不多,对目标企业的经营状况、资源优势、技术水平、企业价值和经营前景等事项知之甚少,在这种情况下,并购企业应当参照股权投资的方式对目标企业进行一次前期甄别,并根据实际情况选择适当形式的知识产权尽职调查。

二、股权投资

如前文所述,广义的股权投资包括创业投资;为与创业投资区分,本书中通常使用狭义的股权投资的概念。在股权投资中,如果拟投资的目标企业是基建、商贸、餐饮、物流、房地产等传统行业,技术创新和专利权申请数量普遍很少,其他无形资产在企业总资产中所占比例也很低,因此,知识产权问题对这类目标企业的投资价值评估通常没有多大影响。在此情况下,投资方没有在知识产权问题给予太多的注意力而是将知识产权问题列入法律尽职调查的范围，委托律师一起进行合规性尽职调查，这种做法具有一定的合理性，但其中蕴藏的知识产权风险依然不容小觑。

如果目标企业属于生产制造类企业或者有技术创新的服务类企业等，则股权投资企业应当按照本章第四节中创业投资的模式，对目标企业的知识产权问题进行适当程度的实质性尽职调查（包括稳定性、实施性和价值性）。

第四节　创业投资中的知识产权尽职调查

在创业投资活动中，由于创业企业普遍属于高新技术企业或者创新型企业，各种类型的无形资产在创业企业的价值体系中占有举足轻重的地位。因此，创业投资企业应当牢固树立知识产权法律意识，高度重视对目标企业进行知识产权尽职调查，这是准确评价目标企业的未来发展潜力和投资价值不可缺少的基础工作，在很大程度上影响着创业投资项目的投资安全和成败得失。

在四种类型的知识产权尽职调查中，合规性尽职调查是基础，是进行后续尽职调查的前提；稳定性尽职调查是开端，是分析目标企业价值的第一步；实施性尽职调查是保障，是目标企业可以维持持续经营的依赖；价值性尽职调查是目标，是对目标企业价值的综合判断。在创业投资中，如果对目标企业的知识产权问题仅进行合规性尽职调查，这种法律尽职调查是远远不够的，根本不能如实反映目标企业的价值和未来发展潜力。

创业投资和其他投资并购业务中的知识产权尽职调查的类型选择问题，可以见图 7－2。

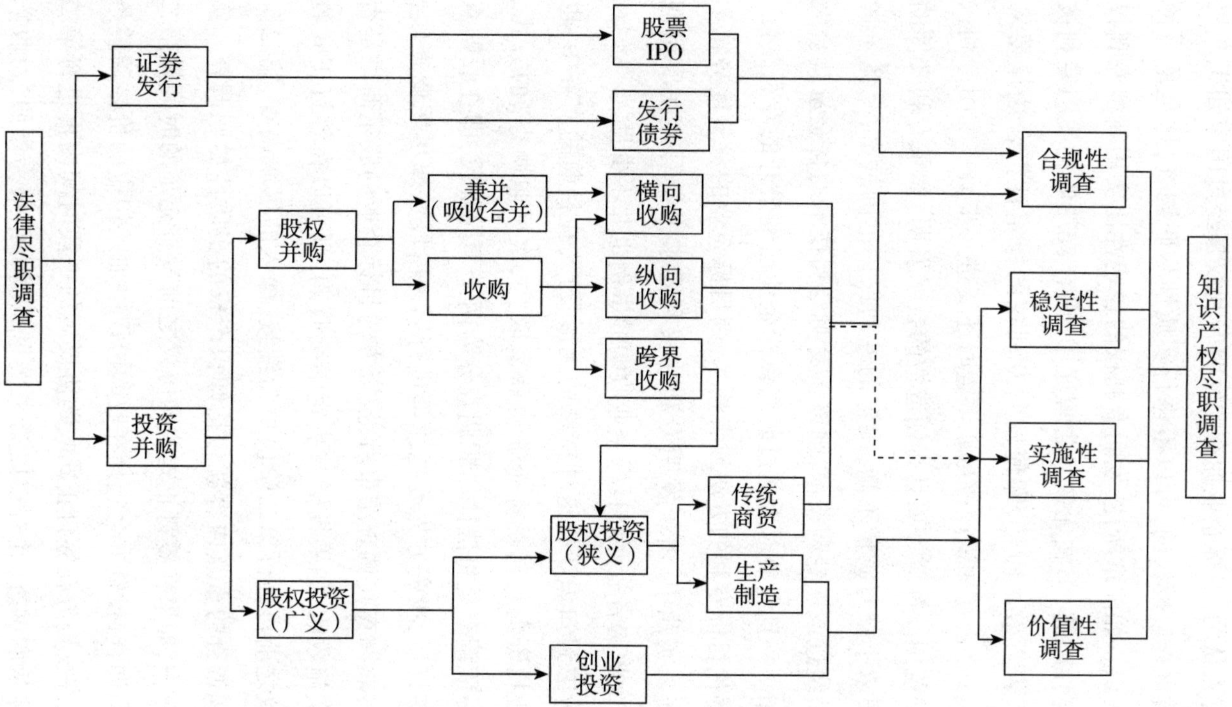

图7-2 知识产权尽职调查类型选择

有人认为,目标企业拥有的发明专利权是经过国家知识产权局实质审查后授权的,可以不进行实质性尽职调查,这也是一种错误认识。如前章所述,发明专利权的稳定性比实用新型专利权的稳定性略高,但在无效宣告程序中,仍有36.3%的发明专利被全部宣告无效。而且,即使发明专利权的稳定性符合法律要求(维持有效),在知识产权尽职调查时还要进一步研究发明专利权的保护范围。针对一项具有创造性的技术发明,如果专利文件的权利要求书撰写质量不高,确定的专利保护范围过窄,令竞争者很容易绕过该项专利技术,则该项发明专利技术的含金量就会大打折扣。一旦竞争对手通过研究目标企业已经公开的专利文件、找到替代目标专利的方法或者技术,则目标企业的竞争优势将不复存在。实践中,由于发明专利的权利要求书撰写存在质量瑕疵,而令收购者放弃对目标企业收购的事例也并不少见。

考虑到知识产权这种特殊的无形资产,在目前的实务中,也有创业投资企业与目标企业协商采取"二次尽职调查"的方式。二次尽职调查是将法律尽职调查分为两个不同阶段,即在收购意向书签订后,投资方先委托律师进行第一阶段法律尽职调查(合规性尽职调查),调查结束后,投资方与目标企业的股东商讨是否继续实施收购;如果投资方决定继续收购,则可以在签订正式收购协议之前再进行第二阶段更为细致、深入的尽职调查,第二阶段尽职调查的重点内容就包括知识产权的实质性尽职调查。实际操作中,如果在签订正式收购协议之前没有充足的时间做第二次尽职调查,投资方会选择在收购协议中加入相应的价格调整条款,允许投资方在签订正式收购协议后的一段时间内再进行第二次法律尽职调查,并有权以第二次尽职调查结果为参照,对收购价格进行适当的调整。

总而言之,在各种投资并购业务中,尤其是以高新技术企业或者创新型企业为投资目标的创业投资业务中,创业投资企业的关注点是目标企业是否具有投资价值、是否具有未来市场竞争潜力,这与企业向证监会申请股票发行上市存在本质区别,并对律师的法律尽职调查,尤其是知识产权尽职调查提出了更高的要求,只进行普通的合规性尽职调查是远远不够的。

最后,作者衷心希望所有创业投资企业能够借力科创板带来的春风,尽快树立长期价值投资的投资理念,将创业投资的重点放在具有自主知识产权和核心竞争力的目标企业身上,并在投资决策之前,高度重视对目标企业的知识产权尽职调查问题,保证创业投资决策的科学性和投资安全,共同创造我国创业投资行业发展的美好未来。

图书在版编目(CIP)数据

创业投资知识产权调查研究 / 王云诚著. -- 北京 : 法律出版社, 2020
ISBN 978 -7 -5197 -4847 -0

Ⅰ. ①创… Ⅱ. ①王… Ⅲ. ①创业投资-知识产权-研究-中国 Ⅳ. ①D923.404

中国版本图书馆 CIP 数据核字(2020)第 150704 号

创业投资知识产权调查研究
CHUANGYE TOUZI ZHISHI CHANQUAN DIAOCHA YANJIU

王云诚 著

策划编辑 肖 越
责任编辑 肖 越
装帧设计 汪奇峰

出版 法律出版社
总发行 中国法律图书有限公司
经销 新华书店
印刷 永清县金鑫印刷有限公司
责任校对 杨锦华
责任印制 胡晓雅

编辑统筹 法商出版分社
开本 A5
印张 7
字数 144 千
版本 2020 年 9 月第 1 版
印次 2020 年 9 月第 1 次印刷

法律出版社/北京市丰台区莲花池西里 7 号(100073)
网址/www. lawpress. com. cn
投稿邮箱/info@ lawpress. com. cn
举报维权邮箱/jbwq@ lawpress. com. cn
销售热线/400 -660 -8393
咨询电话/010 -63939796

中国法律图书有限公司/北京市丰台区莲花池西里 7 号(100073)
全国各地中法图分、子公司销售电话:
统一销售客服/400 -660 -8393/6393
第一法律书店/010 -83938432/8433
西安分公司/029 -85330678
重庆分公司/023 -67453036
上海分公司/021 -62071639/1636
深圳分公司/0755 -83072995

书号:ISBN 978 -7 -5197 -4847 -0
定价:48.00 元